KOPF-AN-KOPF-RENNEN
Für die amerikanische Präsidentenwahl am 6. November liefern sie sich im Vorfeld einen monatelangen, jeweils mit mehrstelligen Millionenbeträgen für Werbekampagnen ausgestatteten Wahlkampf: der Amtsinhaber der Demokraten, Barack Obama, und sein republikanischer Herausforderer Mitt Romney. Letztlich vermag aber dann doch Obama die Stimmenmehrheit auf sich zu vereinigen, die ihm eine zweite Amtsperiode als 44. Präsident der Vereinigten Staaten beschert.

AMERIKA HAT ENTSCHIEDEN
Nach dem Wahlsieg von Amtsinhaber Barack Obama bei den amerikanischen Präsidentschaftswahlen am 6. November 2012 wird auch dessen Frau Michelle weiterhin die First Lady im Weißen Haus in Washington für die nächsten vier Jahre bleiben.

DAS JAHR IM BILD
2012

ullstein

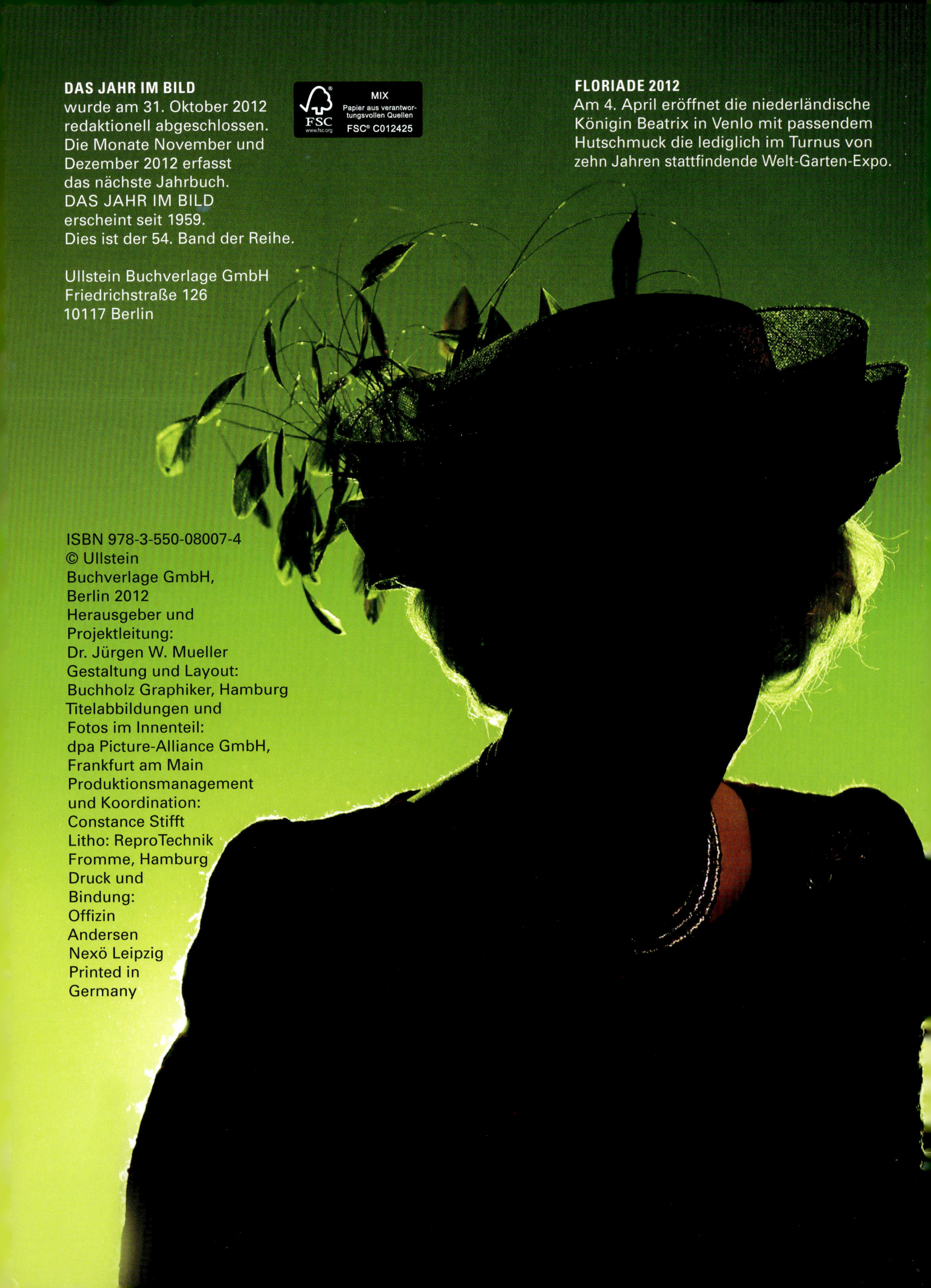

DAS JAHR IM BILD
wurde am 31. Oktober 2012 redaktionell abgeschlossen. Die Monate November und Dezember 2012 erfasst das nächste Jahrbuch. DAS JAHR IM BILD erscheint seit 1959. Dies ist der 54. Band der Reihe.

Ullstein Buchverlage GmbH
Friedrichstraße 126
10117 Berlin

MIX
Papier aus verantwortungsvollen Quellen
FSC® C012425

FLORIADE 2012
Am 4. April eröffnet die niederländische Königin Beatrix in Venlo mit passendem Hutschmuck die lediglich im Turnus von zehn Jahren stattfindende Welt-Garten-Expo.

ISBN 978-3-550-08007-4

Herausgeber und Projektleitung: Dr. Jürgen W. Mueller
Gestaltung und Layout: Buchholz Graphiker, Hamburg
Titelabbildungen und Fotos im Innenteil: dpa Picture-Alliance GmbH, Frankfurt am Main
Produktionsmanagement und Koordination: Constance Stifft
Litho: ReproTechnik Fromme, Hamburg
Druck und Bindung: Offizin Andersen Nexö Leipzig
Printed in Germany

INHALT

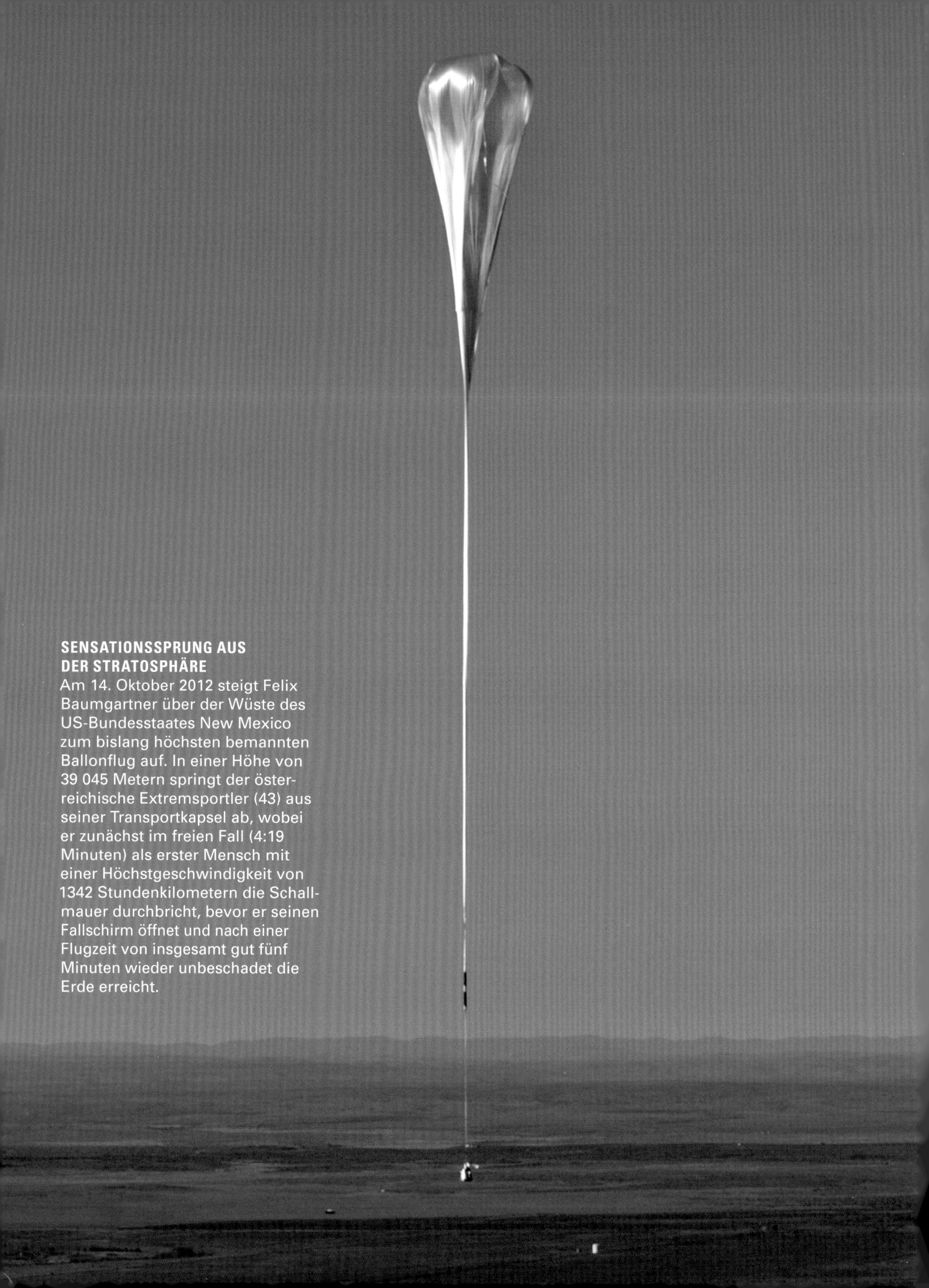

SENSATIONSSPRUNG AUS DER STRATOSPHÄRE
Am 14. Oktober 2012 steigt Felix Baumgartner über der Wüste des US-Bundesstaates New Mexico zum bislang höchsten bemannten Ballonflug auf. In einer Höhe von 39 045 Metern springt der österreichische Extremsportler (43) aus seiner Transportkapsel ab, wobei er zunächst im freien Fall (4:19 Minuten) als erster Mensch mit einer Höchstgeschwindigkeit von 1342 Stundenkilometern die Schallmauer durchbricht, bevor er seinen Fallschirm öffnet und nach einer Flugzeit von insgesamt gut fünf Minuten wieder unbeschadet die Erde erreicht.

VORWORT

Liebe Leserinnen und Leser,

wenn wir uns gemeinsam an die vergangenen zwölf Monate, die hinter uns liegen, im Zeitraffer erinnern, drängen sich leider unvermeidlich nicht unbedingt erfreuliche Themen in den Vordergrund. Nur: Dieser Jahresrückblick kann und will nichts beschönigen, er versucht lediglich, die Ereignisse in Bild und Text bilanzierend zu dokumentieren.

Nahezu zwei Jahre währt mittlerweile der erbitterte Bürgerkrieg in Syrien zwischen Gegnern des totalitären Assad-Regimes und den Truppen des Diktators. Zudem droht der Konflikt auf den Libanon überzugreifen. Und es bleibt wohl auch weiterhin ein frommer Wunsch, dass in Afghanistan Ruhe und Normalität einkehren.
Weite Teile der arabischen Welt in Nahost stellen zusammen mit muslimischen Ländern wie Pakistan nach wie vor das größte Risiko für den Weltfrieden dar. Dem zunächst von Demokratie- und Freiheitswünschen der Menschen geprägten »Arabischen Frühling« ist eine islamistische Ummünzung der Ziele gefolgt. Jüngst auch in Tunesien, dem Ausgangspunkt des Rufes nach mehr Freiheit und Demokratie. Ägyptens Präsident Mursi, politisch aus der Muslimbruderschaft hervorgegangen, forderte im Oktober 2012 eine islamische Umerziehung der Bevölkerung.
Ebenfalls im Oktober verletzten selbsternannte »Gotteskrieger« in Pakistan bei einem gezielten Attentat ein 14-jähriges Mädchen durch Schüsse in den Kopf schwer – das »Verbrechen« des Kindes hatte in den Augen der religiösen Fanatiker darin bestanden, dass es im Rahmen seiner bescheidenen Möglichkeiten dafür eintrat, dass Mädchen auch weiterhin zur Schule gehen dürfen.

In Europa dominiert wirtschaftspolitisch als Endlos-Problem die sogenannte Euro-Krise, die in Wirklichkeit aber keine Währungs-, sondern eine Staatsschuldenkrise von Mittelmeeranrainerländern ist – Griechenland zuvorderst, gefolgt von Spanien. Mehr Geld auszugeben, als man eigentlich hat, kann als Modell nicht dauerhaft funktionieren. Eine Troika aus EU-Kommission, Europäischer Zentralbank (EZB) und Internationalem Währungsfonds (IWF) versucht mit einem Maßnahmenbündel aus Reformvorgaben, Finanzspritzen in Milliardenhöhe, Zinssenkungen und Schuldenschnitten bei den Altlasten die Staatsbankrotte zu verhindern.

In Deutschland trat Mitte Februar mit dem in dubiose finanzielle Affären verstrickten CDU-Politiker Christian Wulff der peinlichste Bundespräsident in der Geschichte der Bundesrepublik notgedrungen von seinem Amt zurück, nachdem die Staatsanwaltschaft Hannover gegen ihn wegen Vorteilsannahme ermittelte. Zu seinem Nachfolger als deutsches Staatsoberhaupt wählte die Bundesversammlung in Berlin am 18. März den keiner politischen Partei angehörenden ehemaligen DDR-Bürgerrechtler Joachim Gauck. Im Mai kostete die für die CDU desaströse Niederlage bei den Landtagswahlen in Nordrhein-Westfalen dem Spitzenkandidaten Norbert Röttgen, in Personalunion auch Bundesumweltminister, politisch den Kopf. CDU-Bundeskanzlerin Angela Merkel entließ ihn kurzerhand aus ihrem Kabinett.

In Russland, das nur bedingt als demokratisch affin gilt, löste bei den Präsidentschaftswahlen im März Wladimir Putin, der zuvor das Amt über zwei Wahlperioden hinweg von 2000 bis 2008 schon mal bekleidete, seinen quasi Interims-Nachfolger Dmitri Medwedew wieder ab. In Frankreich verbannte der Sozialist François Hollande im Mai als neuer Präsident der »Grande Nation« den Konservativen Nicolas Sarkozy aus dem Pariser Élysée Palast. In den USA hingegen entschieden sich die Wähler am 6. November für eine weitere Amtszeit von Präsident Barack Obama gegen Herausforderer Mitt Romney.

Das Sportjahr 2012 war reich an Höhepunkten. In München fand im Mai das UEFA Champions-League-Finale zwischen dem FC Bayern und dem englischen Hauptstadtteam FC Chelsea statt. Die Bayern waren spielbestimmend, führten bis zwei Minuten vor Schluss 1:0 und fingen sich aber trotzdem noch ein »dummes« Gegentor ein, und das Spiel ging in die Verlängerung. Und danach bewahrheitete sich der Sportjournalistenkalauer, dass die Bayern-Stars auf dem grünen Rasen so ziemlich alles können, außer Elfmeter schießen. In der 95. Minute versemmelte der Niederländer Arjen Robben im Trikot der »Roten» einen Strafstoß mit einem ganz schwachen »Käseroller«. Nach absolvierten 120 Spielminuten stand es daher nach wie vor 1:1, und ein Elfmeterschießen musste die Entscheidung bringen. Es endete zu Gunsten der Briten, und die Bayern waren hinterher im wahrsten Sinne des Wortes am Boden zerstört.

Die nächste riesige fußballerische Enttäuschung aus deutscher Sicht folgte im Juni bei der in Polen und der Ukraine ausgetragenen Fußball-Europameisterschaft. Die »goldene Generation« der deutschen Nationalspieler trat an, um den Titel zu gewinnen. Doch im Halbfinale war nach der Niederlage gegen Italien Schluss mit den Träumen. Bundestrainer Joachim Löw geriet wegen seiner unglücklichen Mannschaftsaufstellung und der von ihm gewählten spielerischen Taktik anschließend heftig in die Kritik. Europameister wurde schlussendlich Spanien.

Zu einem grandiosen Fest des Sports wurden im Juli/August die XXX. Olympischen Sommerspiele in London, die nicht nur Großbritannien in einen Rausch der Begeisterung versetzten, sondern auch weltweit Abermillionen Zuschauer an den Fernsehbildschirmen in ihren Bann zogen. Impressionen dazu haben wir für Sie auf einer zehnseitigen Bildstrecke mit herausragenden Sportaufnahmen noch einmal festgehalten.

Darüber hinaus haben wir natürlich für Sie in diesem Band eine weitere Fülle von Themen Monat für Monat ins Bild gerückt, mit einer gezielten Auswahl der besten Fotos aus aller Welt.

Ihnen viel Freude beim Blättern, Schauen, Entdecken und Lesen wünscht jedenfalls

Jürgen W. Mueller

TAG DES KINDES IN JAPAN
In Tokio schmücken wie auch sonst im ganzen Land am 5. Mai 2012 anlässlich dieses Festtages bunte Fahnen in Karpfenform (koinobori) öffentliche Straßen und Einrichtungen. Der Karpfen gilt in Japan als Symbol für Ausdauer und Stärke, da er durch reißende Flüsse stromaufwärts zu wandern vermag. An ihm soll sich der Nachwuchs ein Beispiel nehmen.

KEIN FRIEDEN IN SICHT IN NAHOST
Bewaffnete Kämpferinnen des radikalen Palästinensischen Islamischen Dschihad paradieren am 4. Oktober 2012 selbstbewusst anlässlich des 25. Jahrestages ihrer Bewegung durch die Straßen von Gaza-Stadt, dem Sitz der Palästinensischen Autonomiebehörde im Gaza-Streifen.

سرايا القدس

NOVEMBER

LUFTRETTUNG
In Südafrika findet auf Betreiben des World Wildlife Fund eine außergewöhnliche Umsiedlungsaktion statt. Zum Schutz vor Wilderern, die Jagd auf sie machen und sie töten, um an ihr wertvolles Horn – in Asien so teuer wie Gold – zu gelangen, transportieren Militärhubschrauber die 19 Tiere einer Herde Spitzmaulnashörner narkotisiert aus der Gefahrenzone der Provinz Ostkap und bringen sie mehr als 1500 Kilometer weit nach Norden in die Provinz Limpopo.

NOVEMBER 2011

SPÄTHERBSTSTIMMUNG IN BERLIN

Der 6. November ist ein Sonntag, und Bundeskanzlerin Angela Merkel trottet mit ihrer orangefarbenen Shopper-Tasche und zwei Sicherheitsbeamten im Gefolge ins Bundeskanzleramt, um sich dort im Laufe des Tages mit den Spitzen der Koalitionsparteien zu treffen (Foto links).

WO, BITTE, SOLL ICH HIN?

Anlässlich der Eröffnungsfeierlichkeiten der Ostsee-Pipeline am 8. November im Seebad Lubmin (Mecklenburg-Vorpommern) macht sich Bundeskanzlerin Angela Merkel gleich mit für den russischen Präsidenten Dmitri Medwedew auf die Suche nach den ihnen zugedachten Ehrenplätzen in der ersten Reihe. Die rund 7,4 Milliarden Euro teure Pipeline »Nord Stream« des russisch-europäischen Konsortiums verbindet Deutschland unter Umgehung von Transitländern mit Juschno-Russkoje, einem der größten Erdgasfelder der Welt. Gaslieferant ist der russische Energiekonzern Gazprom, der mit 51 Prozent auch der Mehrheitseigner der Nord Stream AG ist (Foto unten links).

INNIGE DEUTSCH-FRANZÖSISCHE FREUNDSCHAFT

Beim europäischen Dreiergipfel am 24. November im französischen Straßburg begrüßt Frankreichs Staatspräsident Nicolas Sarkozy als Gastgeber Bundeskanzlerin mit einem herzhaften Kuss. Zusammen mit Italiens neuem Ministerpräsidenten Mario Monti wollen sie ihre Gedanken über Schritte zur Eindämmung der Euro-Krise austauschen (Foto unten rechts).

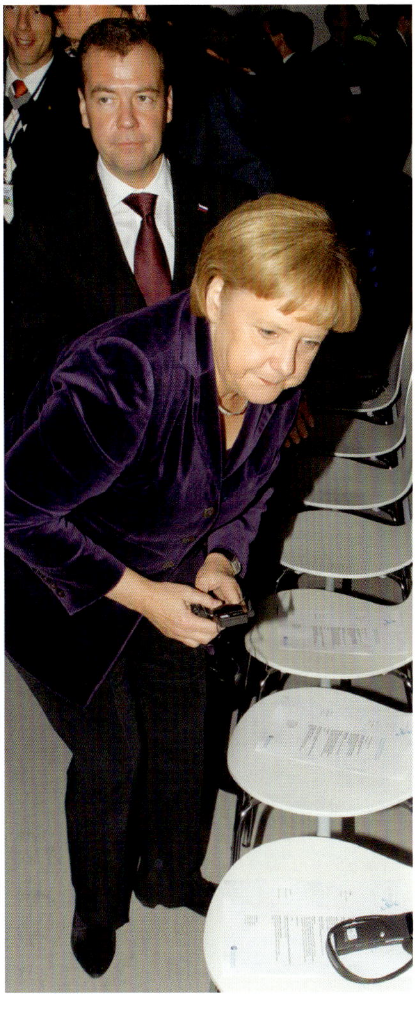

WELTMEISTERLICHE GLÜCKSMOMENTE

FREUDENRITT AUF EINEM »BEIN« MIT 125 PFERDESTÄRKEN

Erstmals wieder seit 1993 (Dirk Raudies) kommt ein Motorrad-Weltmeister aus Deutschland. Der 1989 in Augsburg geborene Stefan Bradl, Sohn des Vizeweltmeisters Helmut Bradl in der 250er-Klasse 1991, ist nach dem Saisonfinale am 6. November im spanischen Valencia neuer Weltmeister der Moto2-Klasse. Mit einem sehenswerten Wheely feiert er nach der Zieldurchfahrt den bisher größten Triumph seiner Karriere (Foto links).

BEJUBELTER GELDSEGEN

Der 1989 in Swisttal-Odendorf in der Nähe von Bonn geborene Pius Heinz kann sich am 9. November im amerikanischen Las Vegas über den Gewinn der

Poker-Weltmeisterschaft und ein damit verbundenes Preisgeld von 8,7 Millionen Dollar freuen. Im Gegensatz zu vielen Berufsspielern verzichtet er am Pokertisch zur Wahrung seines Pokerface auf den Gebrauch einer voluminösen Sonnenbrille und begnügt sich stattdessen mit einem weißen Kapuzenpullover als bescheidener Tarnung seiner Gesichtszüge (Foto rechts).

KONFETTIREGEN UND CHAMPAGNERDUSCHE

Nach dem letzten Grand-Prix-Lauf der Formel 1 auf dem Interlagos-Kurs von São Paulo in Brasilien am 27. November, bei dem er hinter seinem Red-Bull-Teamkollegen Mark Webber als Zweiter die Zielflagge sieht, feiert Sebastian Vettel aus Heppenheim begeistert die erfolgreiche Verteidigung seines Titels als Fahrer-Weltmeister (Foto unten).

NOVEMBER 2011

ABGEHOBEN UND DANN ABGESTÜRZT

Ein Helikopter fliegt im Juli 2002 in einem Glascontainer die erste neue im Mercedes-Werk Sindelfingen gebaute und 460.000 € teure Daimler-Luxuslimousine Maybach 62 von Bord des Transatlantikliners »Queen Elizabeth 2« zur großen Weltpremieren-Präsentation in die New Yorker Wall Street. Die Nobelkarosse, hier aufgenommen vor dem Hotel Emirates Palace in Abu Dhabi in den Vereinigten Arabischen Emiraten, fand jedoch im Laufe der Folgejahre nicht genügend betuchte Käufer. Daimler-Chef Dieter Zetsche kam daher nicht umhin, am 26. November 2011 das Produktionsende dieser wiederbelebten deutschen Traditionsmarke (bis 1941) zu verkünden (Fotos links und unten).

USA SCHMIEDEN HANDELSPAKT

Zum Abschluss des Asiatisch-Pazifischen Wirtschaftsforums (APEC) in Honolulu auf Hawaii gibt US-Präsident Obama am 13. November die Verständigung auf die Grundzüge eines Freihandelsabkommens mit acht Pazifikstaaten bekannt – Australien und Neuseeland, Brunei, Chile, Peru sowie Singapur, Malaysia und Vietnam. Zum APEC-Wirtschaftsraum, in dem knapp die Hälfte der Weltbevölkerung lebt, gehören unter anderem auch Japan, China und Russland (Foto rechte Seite).

NOVEMBER 2011

HOFFNUNGSTRÄGER

Mario Monti, 68, wird in Rom am 16. November als neuer italienischer Ministerpräsident vereidigt. Der Ex-EU-Kommissar soll mit einer Übergangsregierung aus Fachleuten sein Land aus der Finanz- und Wirtschaftskrise führen (Foto links).

RECHTS VOR LINKS

Bei den spanischen Parlamentswahlen am 20. November kommt es zu einem haushohen Sieg der konservativen Volkspartei. Mariano Rajoy wird den bisherigen Ministerpräsidenten der sozialistischen Arbeiterpartei, José Zapatero, ablösen (Foto links unten).

GASHAHN BRUTAL ABGEDREHT

Neun Monate nach dem erzwungenen Rücktritt von Ägyptens ehemaligem Präsidenten Hosni Mubarak im Februar 2011 wird bereits zum siebten Mal auf der Sinai-Halbinsel in Al-Arish eine Pipeline, die Gas nach Israel transportiert, von Terroristen in die Luft gejagt. Das Foto unten datiert vom 10. November.

TOLLKÜHNE RITTER IN DER STEILWAND
Beim Ritterfestival in Jerusalem kämpfen am 3. November italienische Stunt-Darsteller, angeseilt in mittelalterlichen Harnischen, an den senkrechten Wänden der Befestigungsmauer der Altstadt.

WIE DAGOBERT DUCK WIRD DER BERUFSFRANKE UND BERUFSPOLITIKER MARKUS SÖDER (CSU), SEIT 4. NOVEMBER BAYERISCHER FINANZMINISTER, NICHT AUF DAUER IM GELD WÜHLEN KÖNNEN

1.11. Bayerns Ministerpräsident Horst Seehofer übernimmt turnusgemäß das Amt des Bundesratspräsidenten. – China startet in der Wüste Gobi erfolgreich das Raumschiff »Shenzhou 8« ins All zu einem Andockmanöver mit dem Raumstationenmodul »Tiangong 1«.

4.11. Markus Söder, zuvor bayerischer Umweltminister, tritt die Nachfolge von Finanzminister Georg Fahrenschon an, der Präsident des Deutschen Sparkassen- und Giroverbandes werden möchte.

6.11. Im spanischen Valencia sichert sich der einundzwanzigjährige Stefan Bradl aus Zahling den Motorrad-Weltmeistertitel in der Moto2-Klasse.

7.11. Joe Frazier ist tot. Im Alter von 67 Jahren verstarb der ehemalige Box-Olympiasieger im Schwergewicht (Tokio 1964) und spätere Profi-Weltmeister in Philadelphia im amerikanischen Bundesstaat Pennsylvania. Durch den »Kampf des Jahrhunderts«, den er 1971 gegen den bis dato unbesiegten Muhammad Ali gewann, ging Frazier in die legendären Geschichtsannalen des Faustkampfes ein.

8.11. Bundeskanzlerin Angela Merkel und der russische Präsident Dmitri Medwedew eröffnen in Lubmin (Mecklenburg-Vorpommern) offiziell die 7,4 Milliarden teure Ostsee-Pipeline »Nord Stream«, durch die sibirisches Gas nach Deutschland und Westeuropa fließt. – Italiens schwerstens in die Kritik geratene Ministerpräsident Silvio Berlusconi kündigt seinen Rücktritt an, ohne zunächst ein konkretes Datum zu benennen. Diesen Schritt vollzieht er dann offiziell am 12. November.

9.11. Der in Wien lebende deutsche Berufsspieler Pius Heinz, Jahrgang 1989, wird im amerikanischen Las Vegas Poker-Weltmeister und streicht dabei ein Preisgeld von 8,7 Millionen Dollar ein.

10.11. Nach dem tags zuvor erfolgten Rücktritt des griechischen Ministerpräsidenten Giorgos Papandreou auf Grund der Schuldenkrise seines Landes verständigen sich die beiden Großparteien, die konservative Nea Dimokratia und die sozialistische Pasok, auf den parteilosen Wirtschaftsfachmann Lucas Papademos als neuen Regierungschef eines Übergangskabinetts.

13.11. Beim 1989 gegründeten Asiatisch-Pazifischen Wirtschaftsforum (APEC) auf Hawaii einigen sich die USA und acht Pazifikstaaten auf eine gemeinsame zukünftige Freihandelszone. – In Italien wird der ehemalige EU-Kommissar Mario Monti von Staatspräsident Giorgio Napolitano mit der Bildung einer neuen Übergangsregierung beauftragt, deren Vereidigung dann drei Tage später erfolgt.

14.11. Der sozialkritische Liedermacher und Schriftsteller Franz Josef Degenhardt verstirbt 79-jährig in Quickborn unweit von Hamburg. Seinen größten Erfolg landete er 1965 mit dem Lied »Spiel nicht mit den Schmuddelkindern«, in dem er sich über wohlstandsbürgerliche Dünkel mokierte.

16.11. Der Wirtschaftswissenschaftler Mario Monti ist Italiens neuer Ministerpräsident. Mit einer aus Fachleuten gebildeten Übergangsregierung soll er vor allem gegen die schweren Finanzprobleme ankämpfen.

MADISON SQUARE GARDEN, NEW YORK, 8. MÄRZ 1971: DIE BOX-WELT SPRICHT VOM »FIGHT DES JAHRHUNDERTS«. MIT JOE FRAZIER (IM BILD LINKS) UND MUHAMMAD ALI KÄMPFEN ZWEI BIS DAHIN UNGESCHLAGENE SCHWERGEWICHTLER UM DEN WM-TITEL. JOE FRAZIER GEWINNT. SEINEN ALLERGRÖSSTEN KAMPF, DEN GEGEN DEN KREBS, VERLIERT ER JEDOCH UND STIRBT 67-JÄHRIG AM 7. NOVEMBER IN DEN USA

Das Aha-Zitat des Monats

»STEINMEIER, GABRIEL, STEINBRÜCK ... MACHEN SO WAS WIE KANZLERKANDIDATEN-MIKADO: WER SICH ALS ERSTER BEWEGT, HAT VERLOREN.«

Rainer Brüderle, FDP-Fraktionsvorsitzender, am 24. November über das SPD-Spitzentrio

20.11. Bei den vorgezogenen Parlamentswahlen in Spanien erleidet die bislang regierende sozialistische Arbeiterpartei von Ministerpräsident José Zapatero eine erdrutschartige Niederlage und vereint nur noch 28,7 Prozent der Stimmen auf sich. Die konservative Volkspartei mit Mariano Rajoy an der Spitze gewinnt mit 44,6 Prozent die absolute Mehrheit und erhält 186 der 350 Parlamentssitze.

22.11. Mit 89 Jahren stirbt in Salzburg der österreichische Kabarettist, Komponist und Sänger Georg Kreisler. Bekannt wurde er einem größeren Publikum vor allem durch seine von einem bitterbös-schwarzen Humor geprägten Lieder wie »Tauben vergiften im Park« oder »Wie schön wäre Wien ohne Wiener«.

24.11. Frankreichs Präsident Nicolas Sarkozy empfängt in Straßburg Bundeskanzlerin Angela Merkel und Italiens Präsident Mario Monti zu einem Dreiergipfel, um über Wege aus der Euro-Krise zu beraten. – Nach der Berliner Wahl vom 18. September wird Klaus Wowereit (SPD) vom Abgeordnetenhaus erneut zum Regierenden Bürgermeister gewählt. Zehn Jahre lang hatte er zuvor eine rot-rote Koalition geleitet und steht nun an der Spitze eines Bündnisses von SPD und CDU.

26.11. Daimler-Chef Dieter Zetsche verkündet für Mitte 2013 das Aus für die erst 2002 wieder ins Leben gerufene traditionsreiche Luxuslimousinen-Marke Maybach (1921-1941), die gegenüber Konkurrenten wie etwa Rolls-Royce chronisch erfolglos geblieben ist.

27.11. Die Baden-Württemberger befinden bei einer Volksabstimmung über die Realisierung des umstrittenen Bahnprojekts Stuttgart 21. Mit einer deutlichen Mehrheit von 58,8 Prozent sprechen sich die Wähler für den geplanten Tiefbahnhof aus, 41,2 Prozent votieren dagegen. – Mit dem Grand Prix von Brasilien in São Paulo endet die Formel-1-Rennsaison. Alter und neuer Fahrer-Weltmeister ist der 1987 in Heppenheim geborene Sebastian Vettel.

30.11. Zdeněk Miler, der große alte Mann des tschechischen Zeichentrickfilms, stirbt 90-jährig in der Nähe von Prag. Mit seinem Namen verbunden bleiben wird die Figur des Maulwurfs, des rotnasigen kleinen Maulwurfes Krteks, der über ein halbes Jahrhundert hinweg seit 1956 nicht nur Kinderherzen eroberte.

ZWÖLFTER SPIELTAG DER FUSSBALL-BUNDESLIGA: AM 6. NOVEMBER: BEI DER PARTIE FC-AUGSBURG GEGEN BAYERN MÜNCHEN ÜBERRASCHT EIN FLITZER SPIELER UND ZUSCHAUER GLEICHERMASSEN MIT EINER AKROBATISCHEN SALTO-RÜCKWÄRTS-EINLAGE

ZDENĚK MILER, TSCHECHISCHER ZEICHENTRICKFILMER UND VATER DER WELTWEITEN KULTFIGUR DES KLEINEN MAULWURFS KRTEK STIRBT IM ALTER VON 90 JAHREN IN DER NÄHE VON PRAG. VON 1972 AN EROBERTE SEIN PFIFFIGER GESELLE MIT DER ROTEN NASE UND DEN GROSSEN HÄNDEN AUCH DAS DEUTSCHE FERNSEHEN, ETWA IN DER »SENDUNG MIT DER MAUS«

ABSCHIED VON EINER IKONE DER POP-ART

In New York stirbt im Alter von 61 Jahren der amerikanische Künstler James Rizzi. Seine quietschbunten, nur auf den ersten Blick etwas naiv anmutenden Bilder und Motive, mit denen er unter anderem auch Turnschuhe, Autos, Flugzeuge als auch Häuser (etwa in Braunschweig) versah, wurden zu seinem internationalen Markenzeichen.

DEZEMBER

DEZEMBER 2011

WINTERSCHLAF
Eine so friedliche politische Einmütigkeit wie bei der Plenarsitzung im Deutschen Bundestag in Berlin am 16. Dezember ist bei der schwarz-gelben Regierungskoalition relativ selten. Von rechts nach links: Bundeskanzlerin Angela Merkel (CDU), Vizekanzler und Wirtschaftsminister Philipp Rösler (FDP), Außenminister Guido Westerwelle (FDP) (Foto links).

UND TSCHÜS ...
In einer nur zweiminütigen Erklärung gibt am 14. Dezember FDP-Generalsekretär Christian Lindner in der Berliner Parteizentrale völlig überraschend seinen Rücktritt bekannt. Gründe für diesen Schritt nennt er dabei nicht wirklich (Foto unten).

DEZEMBER 2011

EXZESSIVER PERSONENKULT UM TOTEN DIKTATOR

Am 19. Dezember meldet das nordkoreanische Staatsfernsehen den Tod des kommunistischen Parteiführers Kim Jong-il, der zwei Tage zuvor während einer Bahnfahrt einer Herzattacke erlag. Der unumschränkte Herrscher des bitterarmen Landes wird in Pjöngjang in einem »Schneewittchen«-Sarg aufgebahrt, damit die Bevölkerung von ihm Abschied nehmen kann. Die Beisetzung findet am 28. Dezember im Rahmen einer pompösen Großinszenierung statt (Fotos rechts und unten).

ABMARSCH
Am 18. Dezember verlassen die letzten amerikanischen Kampftruppen achteinhalb Jahre nach Beginn des Irakkrieges das Land. In Camp Adder in der Nähe der Stadt Nasiriyah bricht der gegen Minen gepanzerte Konvoi der 3. Brigade der 1. Kavalleriedivision bei Morgengrauen in Richtung Kuwait auf.

DEZEMBER 2011

GROSSFEUER VERNICHTET RUSSISCHEN FLUGHAFEN
Ein durch einen Kurzschluss ausgelöster Brand zerstört am 19. Dezember den Flughafen Tscheremschanka der sibirischen Großstadt Krasnojarsk völlig, der bis dahin ein wichtiges Drehkreuz für den regionalen Luftverkehr gewesen ist (Foto linke Seite).

AUSNAHMEZUSTAND IN KOBLENZ
Der extrem niedrige Wasserstand des Rheins führt zur Entdeckung von mehreren Fliegerbomben-Blindgängern aus dem Zweiten Weltkrieg, darunter auch eine 1,8 Tonnen schwere britische Luftmine und sogenannte Nebelfässer. Bevor die Experten des Kampfmittelräumdienstes am Sonntag, dem 4. Dezember, mit ihren Arbeiten zur Vorbereitung der Entschärfung (Foto rechts) beziehungsweise Sprengung der Munition (Foto unten) beginnen können, müssen alle Anwohner in einem Umkreis von 1,8 Kilometern ihre Häuser verlassen. 45 000 Koblenzer sind von dieser Evakuierungsaktion betroffen.

»O TANNENBAUM«

1

2

3

Mit den vielbesungenen grünen Blättern ist das allerdings manchmal so eine Sache. Für den 13 Meter hohen Recycling-Baum in der litauischen Stadt Kaunas (1) haben die Einwohner in einer Gemeinschaftsaktion 40 000 grüne Plastikflaschen gesammelt. Im Eaton Centre im kanadischen Toronto gibt es einen riesigen schwebenden Christbaum zu bewundern (2). In Shenyang im Nordosten der Volksrepublik bilden 320 Fahrräder einen zwölf Meter großen Weihnachtsbaum (3). Eher wie ein Pannenbaum mutet die Konstruktion aus 212 leeren Feuerlöschern an, den sich die chinesische Provinzstadt Taizhou ausgedacht hat (4). Selbst in der palästinensischen Westbank erstrahlt ebenso ein Weihnachtsbaum (5) wie in Libanons Hauptstadt Beirut (6). Und in Brasilien wird in Rio de Janeiro das Prunkstück auf der Rodrigo de Freitas Pond sogar mit einem Feuerwerk eingeweiht (7).

4

5

6

7

DEZEMBER 2011

UNTER UNSEREM DEZEMBERHIMMEL
Fast schon unwirklich muten die am 15. Dezember unter den Gewitterwolken am Ammersee bei Utting in Oberbayern aufgenommenen Möwen an (Foto rechts). Eher irgendwie ein wenig verloren nimmt sich dafür dieser Halligbewohner aus, der am 20. Dezember seine Weihnachtsbäume auf einer Lore durchs nordfriesische Wattenmeer nach Nordstrandischmoor transportiert. Die Hallig ist durch einen 3,8 Kilometer langen Bahndamm mit dem Festland verbunden. Nordstrandischmoor hat 18 Einwohner (Foto unten).

AUCH WEIHNACHTSMÄNNER GERATEN SCHON MAL INS SCHWITZEN
Am 4. Dezember, dem 2. Adventssonntag, treten in Michendorf (Landkreis Potsdam) 700 Starter zum 3. Nikolauslauf durch den Ort an (Foto rechts). Es ist das größte Kostüm-Rennen dieser Art in Deutschland. Die Zahl der Teilnehmer beim Great Scottish Santa Run in Edinburgh am 16. Dezember hingegen beläuft sich gleich auf mehrere tausend (Foto unten).

Das Aha-Zitat des Monats

»DIE PLÄNE … SIND FISKALPOLITISCHER SCHWACHSINN UND EIN PAUSENTEE FÜR DIE FDP AUF DEM WEG ZUR NÄCHSTEN WAHL.«

Peer Steinbrück auf dem SPD-Parteitag am 4. Dezember über die beabsichtigten Steuersenkungen der Regierungskoalition

1.12. In Berlin verstirbt mit 82 Jahren Christa Wolf, eine der prominentesten deutschen Schriftstellerinnen vor allem zu DDR-Zeiten und auch danach. Zu ihren bekanntesten Werken zählen »Nachdenken über Christa T.«, »Kein Ort. Nirgends« und »Der geteilte Himmel«.

3.12. Der Spielfilm »Melancholia« des Dänen Lars von Trier wird bei der 24. Verleihung des Europäischen Filmpreises in Berlin als bester Film ausgezeichnet.

DAS PRIVATHAUS VON CHRISTIAN WULFF IN GROSSBURGWEDEL (NORDÖSTLICH VON HANNOVER), DESSEN VORZUGSFINANZIERUNG ZUM ERWERB IM DEZEMBER ZUM AUSLÖSER DER SOGENANNTEN KREDITÄFFÄRE UM DEN BUNDESPRÄSIDENTEN WIRD

4.12. Die in Russland regierende Partei von Präsident Dmitri Medwedew und Ministerpräsident Wladimir Putin, Einiges Russland, gewinnt die Parlamentswahl zwar klar mit 49,5 Prozent der abgegebenen Stimmen, büßt aber ihre bisherige Zweidrittelmehrheit ein. – Für das hochverschuldete Italien beschließt die neue Regierung Monti in Rom ein rigoroses Sparmaßnahmenpaket in der Größenordnung von 24 Milliarden Euro. – Auf dem Bundesparteitag der SPD in Berlin bestätigen die Delegierten Parteichef Sigmar Gabriel mit 91,6 Prozent für weitere zwei Jahre in seinem Amt. – Ausnahmezustand in Koblenz. Durch das Niedrigwasser des Rheins wurden mehrere Blindgänger von Weltkriegsbomben entdeckt, unter anderem eine drei Meter lange, mit 1,8 Tonnen Sprengstoff gefüllte britische Luftmine sowie eine nicht minder gefährliche amerikanische Fliegerbombe. Für die Entschärfung der Funde müssen 45 000 Menschen aus Sicherheitsgründen evakuiert werden. Es ist die größte derartige Aktion seit dem Zweiten Weltkrieg in Deutschland.

IN PARIS WIRD DER EINSTIGE FRANZÖSISCHE STAATSPRÄSIDENT JACQUES CHIRAC VON EINEM GERICHT UNTER ANDEREM WEGEN DER VERUNTREUUNG ÖFFENTLICHER MITTEL ZU ZWEI JAHREN HAFT AUF BEWÄHRUNG VERURTEILT

9.12. Beim Gipfeltreffen der EU-Staats- und Regierungschefs in Brüssel sperrt sich Großbritannien gegen eine intendierte Änderung der EU-Verträge zur Haushaltsdisziplinierung der Länder. 17 Euro-Länder, zu denen möglicherweise noch bis zu neun Nicht-Euro-Länder hinzukommen, verständigen sich daraufhin, einen neuen verbindlichen Euro-Pakt zur Erreichung eben dieses Zieles zu etablieren. Ferner wird der Beitritt Kroatiens zur Europäischen Union als dann 28. Mitgliedsland per 1. Juli 2013 vertraglich fixiert.

12.12. Fast ein Jahr nach Beginn der Unruhen in Tunesien, dessen langjähriger diktatorischer Herrscher Ben Ali im Januar 2011 nach Saudi-Arabien flüchtete, wird in Tunis der Menschenrechtler und Medizinprofessor Moncef Marzouki (geboren 1945)

WALTER GILLER, DER IN MEHR ALS 80 FILMEN, ÜBERWIEGEND KOMÖDIEN, MIT SEINEM EWIGEN LAUSBUBENCHARME MITWIRKTE (HIER EIN FILMPLAKAT VON 1956, DAS IHN ZUSAMMEN MIT HEINZ RÜHMANN ZEIGT), STIRBT IM ALTER VON 84 JAHREN IN HAMBURG

von der verfassungsgebenden Versammlung für ein Jahr zum Staatspräsidenten gewählt.

14.12. US-Präsident Barack Obama dankt in einer Rede zum Ende des Irakkrieges auf dem Heeresstützpunkt Fort Bragg (North Carolina) den Truppen für deren Einsatz. 4500 amerikanische Soldaten verloren seit der Besetzung des Landes im Jahr 2003 ihr Leben, mehr als 30 000 wurden verletzt. Am 18. Dezember verlassen dann die letzten US-Kampftruppen den Irak. – In einer nur zweiminütigen Erklärung gibt der 32-jährige FDP-Generalsekretär Christian Lindner überraschend seinen Rücktritt bekannt, ohne konkrete Gründe dafür zu benennen.

15.12. Jacques Chirac (79), von 1995 bis 2007 französischer Staatspräsident, wird von einem Gericht in Paris wegen Veruntreuung und Vertrauensbruch während seiner Amtszeit als Bürgermeister der Hauptstadt (1977–1995) zu einer Bewährungsstrafe von zwei Jahren verurteilt. – Bundespräsident Christian Wulff ist seit Anfang Dezember durch Enthüllungen über Ungereimtheiten in Zusammenhang mit einem Privatkredit über eine halbe Million Euro, den ihm das vermögende Unternehmerehepaar Geerkens 2008 in seiner Zeit als Ministerpräsident Niedersachsens zu günstigen Konditionen zum Hauskauf gewährt hatte, unter Druck geraten. Nun muss er einräumen: »Ich erkenne an, dass hier ein falscher Eindruck entstehen konnte. Ich bedaure das.« – Mit 84 Jahren verstirbt in Hamburg der in Recklinghausen geborene Schauspieler Walter Giller, der in mehr als 80 Filmen zumeist in komödiantischen Rollen mit frechem Charme mitwirkte, darunter »Peter Voss, der Millionendieb« mit O. W. Fischer (1958) oder »Drei Mann in einem Boot« mit Heinz Erhardt und Hans-Joachim Kulenkampff (1961).

18.12. Bundespräsident Wulff räumt ein, insgesamt sechs Urlaube auf den Anwesen befreundeter Unternehmer verbracht zu haben. – Der 1936 in Prag geborene Schriftsteller und Politiker Václav Havel ist tot. Jahrelang war der Mitbegründer der Menschenrechtsbewegung Charta 77 einer der prominentesten Kritiker des kommunistischen Regimes in seinem Lande. 1989 wurde er zum Staatspräsidenten der Tschechoslowakei gewählt und war danach von 1993 bis 2003 Präsident der neu gegründeten Tschechischen Republik.

19.12. Nach einem Kurzschluss brennt in Krasnojarsk, der drittgrößten Stadt Sibiriens mit fast einer Million Einwohnern, der internationale Flughafen völlig ab.

26.12. Die Kunstwelt trauert um James Rizzi. Der Pop-Art-Künstler, der durch seine farbenfrohen Bilder und Motive, mit denen er etwa auch eine Maschine der Fluggesellschaft Condor verzierte, verstirbt 61-jährig in New York.

28.12. Die öffentliche Trauerfeier in Pjöngjang für den nordkoreanischen Kommunistenführer und diktatorischen Alleinherrscher Kim Jong-il, der 1994 die Macht von seinem Vater übernahm und am 17. Dezember mit 69 Jahren starb, gerät zu einer gigantischen Personenkult-Inszenierung. Tags darauf wird die Macht auf seinen Sohn Kim Jong-un übertragen.

82-JÄHRIG STIRBT IN BERLIN DIE SCHRIFTSTELLERIN CHRISTA WOLF. FÜR IHR LEBENSWERK ERHIELT SIE BEI DER ERSTMALIGEN VERLEIHUNG DER DEUTSCHEN BÜCHERPREISE ANLÄSSLICH DER LEIPZIGER BUCHMESSE AM 21. MÄRZ 2002 DIESE VON GÜNTER GRASS GESTALTETE BRONZEPLASTIK

JANUAR

SCHIFFSTRAGÖDIE IM MITTELMEER
Am Abend des 13. Januars ist das Kreuzfahrtschiff »Costa Concordia« mit rund 3200 Passagieren an Bord, darunter mehr als 500 Deutschen, sowie etwa 1000 Besatzungsmitgliedern unterwegs von Civitavecchia nach Savona. An dieser Route liegt die kleine italienische Insel Giglio, die Kapitän Francesco Schettino dicht unter der Ostküste passieren will. Gegen 20:45 Uhr kommt es dabei zu einer Kollision mit einem dem Scole-Riff vorgelagerten Felsen. Der Rumpf des Schiffes wird dadurch an der Backbordseite auf einer Länge von etwa 70 Metern aufgerissen, Wasser dringt in die Maschinenräume ein. Der kaum noch manövrierfähige Havarist setzt zunächst noch seine Fahrt fort. Kurz vor 22:00 Uhr läuft die »Costa Concordia« wenige hundert Meter nördlich von Giglio Porto auf Grund und beginnt mit zunehmender Schlagseite zu kentern. Die bis in die frühen Morgenstunden dauernde Evakuierung beginnt. Von Panik heimgesucht, springen manche Passagiere ins kalte Wasser, um schwimmend das nahegelegene Ufer zu erreichen; die allermeisten der Passagiere und Besatzungsmitglieder können in Rettungsbooten und durch herbeigeeilte Schiffe der Küstenwache an Land gebracht werden. Dennoch finden 30 Menschen bei dem Unglück den Tod, zwei Personen gelten nach wie vor als vermisst.

ORMEGGIO VIETATO
NO MOORING

JANUAR 2012

KULTURHAUPTSTÄDTE EUROPAS

Die Titelvergabe des Ministerrates der Europäischen Union für 2012, mit der sich ein Förderbetrag von jeweils 1,5 Millionen Euro für kulturelle Veranstaltungen verbindet, erfolgte an Maribor und Guimarães. In der slowenischen Stadt an der Drau zeigen sich am 14. Januar, dem Tag der offiziellen Eröffnungsfeier mit Staatspräsident Danilo Türk, zumindest die Schwäne von dem Ereignis unbeeindruckt (Foto links), während ein einsamer Straßenkünstler die Passanten mit überdimensionalen Seifenblasen einzustimmen versucht (Foto unten). Ganz anders der Auftakt im Norden Portugals eine Woche später. Guimarães, das mittelalterliche Städtchen mit dem berühmten Castelo de São Miguel aus dem 12. Jahrhundert (Foto rechte Seite oben), feiert mit einer beeindruckenden Theater- und Multi-Media-Show, an der auch die legendäre katalanische Theatertruppe La Fura dels Baus mitwirkt (Foto rechte Seite unten).

STOP

JANUAR 2012

ENTSETZEN ÜBER AMERIKANISCHE LEICHENSCHÄNDUNG

Für helle Empörung sorgt ein am 11. Januar im Internet publik gewordenes Video, das US-Soldaten in Afghanistan beim Urinieren auf getötete Taliban-Kämpfer zeigt. US-Verteidigungsminister Leon Panetta befiehlt die sofortige Untersuchung dieser unentschuldbaren Entgleisung (Foto rechts).

ENTSETZEN ÜBER ISLAMISTISCHE TERRORWELLE

Die militant operierende Terroristen-Gruppierung Boko Haram, die Kontakte zu den afghanischen Taliban unterhält, überzieht im Januar den Norden Nigerias mit einer Flut von Attentaten. So töten die religiösen Fanatiker etwa am 26. Januar bei einem Sprengstoffanschlag auf die katholische Kirche St. Theresa in Madalia 20 Menschen. Das Foto zeigt deren Angehörige beim Ausheben der Gräber für die Opfer (Foto unten).

FRIEDLICHER PROTEST
Beim Treffen der globalen Wirtschaftselite anlässlich des 42. World Economic Forums (WEF) vom 25. bis 29. Januar im Schweizerischen Davos demonstrieren dessen Gegner mit Plakaten und Schneemännern gegen die Veranstaltung.

JANUAR 2012

ZIRKUSFESTIVAL IN MONTE-CARLO

Im Fürstentum Monaco findet vom 19. bis 29. Januar zum 36. Mal das Internationale Zirkusfestival statt. Insgesamt 220 Spitzenkönner aus 22 Ländern, eingeladen von einer Jury, bewerben sich unter der Zirkuskuppel von Monte-Carlo um den begehrten »Goldenen Clown«, der dem Stellenwert des Hollywood »Oscar« für die Filmwelt in nichts nachsteht. Aus der Crème de la crème der versammelten Artisten ragte in diesem Jahr ein junger Akrobat ganz besonders hervor: Cai Yong vom chinesischen New Shanghai Circus. Über seine phänomenale equilibristische Darbietung gab es nur ungläubig-bewunderndes Staunen – und für diesen Auftritt zu Recht die höchste Auszeichnung, den »Goldenen Clown« (Foto oben).

LICHT AUS

Mit dieser Lichtkunst-Installation aus 21 000 Neonröhren begrüßt die griechische Hauptstadt Athen in der Silvesternacht 2001 den Euro. Geschaffen wurde dieses »Euro Monument« von dem auf dem rechten Auge blinden Berliner Lichtarchitekten und Feuerwerkskünstler Gert Hof. Am 24. Januar verstirbt er im Alter von 60 Jahren in Wandlitz bei Berlin (Foto rechts).

DAS JAHR DES DRACHEN
Nach dem Jahr des Hasen beginnt am 23. Januar, beim zweiten Neumond nach der Wintersonnenwende, in China das neue Jahr des Drachen. Er gilt in China seit alters her als Glücksbringer. Die Chinesische Post widmet ihm eine Sonderbriefmarke (Foto links oben).

ALEMANNISCHE FASNACHT
Sie beginnt in Südwestdeutschland und der Nordschweiz traditionell nach dem Dreikönigstag. Bei den Narrenumzügen tragen die vermummten Teilnehmer meist Holzlarven (Masken) von Dämonen, Teufeln, Geistern und Hexen (Foto oben aus Luzern vom 29. Januar).

ABFUHR FÜR DIE ATOMWIRTSCHAFT
Der Energiekonzern EnBW hat sich mit seiner Klage gegen die seit 2011 erhobene Kernbrennstoffsteuer eine juristische Niederlage eingehandelt. Am 12. Januar verkündet das Finanzgericht Baden-Württemberg, dass diese Abgabe verfassungskonform ist und auch nicht europäischem Recht zuwiderläuft. Das aus dem AKW Biblis stammende Foto (links) zeigt die im Betrieb befindliche Reaktorgrube (r.u.) und das blauschimmernde Abklingbecken für benutzte Brennelemente.

JANUAR 2012

PARFORCERITT DURCH WÜSTEN-REGIONEN

Am 1. Januar beginnt im argentinischen Mar del Plata die nunmehr zum 4. Mal durch Südamerika führende Rallye Dakar. Sie gilt als die weltweit härteste Motorsport-Prüfung dieser Art. In der Hoffnung, nach 14 Etappen und 8400 Kilometern das Ziel im peruanischen Lima zu erreichen, gehen 443 Teams mit Autos, Trucks (Foto rechts), Motorrädern und Quads an den Start, doch nur 249 schaffen die Ankunft. Den Sieg bei den Automobilen fährt auf einem Mini (Foto unten) des hessischen X-Raid-Teams des Millionenerben Sven Quandt der Franzose Stéphane Peterhansel ein.

AUSTRALIAN OPEN
Das Finale des ersten Grand Slam-Tennisturniers im Jahr 2012 bestreiten in Melbourne nicht nur die beiden Endspielgegner auf dem Centre Court, sondern auch viele fleißige Helfer, die nach Regenpausen den Platz trockenwischen (Foto oben). Das Match mit der »Filzkugel« gewinnt der Serbe Novak Djokovic nach fünf Stunden und 53 Minuten reiner Spielzeit in fünf hartumkämpften Sätzen gegen den Mallorquiner Rafael Nadal (Foto rechts) – und jubelt entsprechend (Foto rechts außen).

AUF DEM FUSSBALLRASEN SIND SIE IM SPORTDRESS ALLES ANDERE ALS SCHÜCHTERNE, BRAV-BIEDERE ERSCHEINUNGEN: HOMARE SAWA, MANNSCHAFTSFÜHRERIN VON FRAUENFUSSBALL-WELTMEISTER JAPAN, UND LIONEL MESSI, ARGENTINIER IN SPANISCHEN DIENSTEN BEIM FC BARCELONA. IN ZÜRICH WERDEN DIE BEIDEN AM 9. JANUAR ALS WELTFUSSBALLER DES JAHRES 2011 AUSGEZEICHNET

1.1. In Ungarn tritt die umstrittene neue Verfassung in Kraft, die nationalistisch auf das Magyarentum ausgerichtet ist und die Machtbefugnisse der Regierung erheblich erweitert. – Maribor in Slowenien sowie Guimarães in Portugal sind die Kulturhauptstädte Europas 2012.

2.1. Aus dem Springer Verlag verlautet, dass Bundespräsident Christian Wulff durch Telefonanrufe bei Chefredakteur Kai Diekmann und Konzernchef Mathias Döpfner Versuche unternommen hat, eine Berichterstattung der »Bild«-Zeitung über dessen Hauskauf-Privatkredit zu unterbinden. In einem Fernsehinterview mit ARD und ZDF am 4. Januar bekennt der Bundespräsident, die Anrufe seien ein schwerer Fehler von ihm gewesen, für den er sich entschuldige.

6.1. Ende der bundesweit einzigen Jamaika-Koalition aus CDU, FDP und Grünen im Saarland. Ministerpräsidentin Annegret Kramp-Karrenbauer (CDU) erklärt, das bisherige Regierungsbündnis wegen des Zustandes der FDP-Landtagsfraktion nicht länger mehr fortsetzen und stattdessen eine große Koalition mit der SPD anstreben zu wollen. – Papst Benedikt XVI. ernennt den Berliner Erzbischof Rainer Maria Woelki (Jahrgang 1956) sowie den 83-jährigen Ordensmann der Jesuiten und Berater der vatikanischen Glaubenskongregation, den Kölner Karl Josef Becker, zu Kardinälen.

7.1. In Rostock beschließen die Synodalen der drei evangelischen Landeskirchen aus Nordelbien, Mecklenburg und Pommern die Fusion zur Evangelisch-Lutherischen Kirche in Norddeutschland.

8.1. Der Frachter »Rena«, der Anfang Oktober 2011 vor Neuseeland auf ein Riff auflief, bricht auseinander, noch in dem Wrack befindliches Restöl droht erneut die Küste zu verschmutzen.

9.1. In der Schweiz werden in Zürich mit der Japanerin Homare Sawa und dem Argentinier Lionel Messi die Weltfußballer des Jahres 2011 gekürt.

10.1. Als Wahlsieger aus den ägyptischen Parlamentswahlen gehen die islamistischen Parteien hervor. Die Freiheits- und Gerechtigkeitspartei der Muslimbrüder vereint 37,5 Prozent der Stimmen auf sich; die radikal-salafistische Partei des Lichtes wird mit 27,8 Prozent zweitstärkste Kraft in der künftigen Volksversammlung sein.

11.1. Amerikanische Biologen von der Lousiana State University geben die Entdeckung des bislang kleinsten Wirbeltieres der Welt bekannt, eines Frosch-Winzlings auf Papua-Neuguinea, mal eben um sieben Millimeter groß.

13.1. Im Tyrrhenischen Meer kentert vor der italienischen Insel Giglio das Kreuzfahrtschiff »Costa

DER KATASTROPHE ZWEITER TEIL. DAS RIESIGE CONTAINERSCHIFF »RENA«, IM OKTOBER 2011 VOR NEUSEELAND BEI TAURANGA GESTRANDET, BRICHT AM 8. JANUAR AUSEINANDER. OBWOHL BERGUNGSMANNSCHAFTEN DESSEN TREIBSTOFFTANKS MITTLERWEILE GRÖSSTENTEILS AUSGEPUMPT HABEN, STEHT ZU BEFÜRCHTEN, DASS SICH NOCH WEITERES GIFTIGES SCHWERÖL IN DEM WRACK BEFINDET, DAS ERNEUT DIE KÜSTENREGION VERSCHMUTZEN KÖNNTE

Das Aha-Zitat des Monats

»ICH WEISS, DASS UNTERFRANKEN LINKS OBEN IST, WAS ICH NICHT GANZ EINSEHE, ABER HINNEHME.«

Münchens OB Christian Ude in einem Interview mit »Welt Online« am 19. Januar. Dem Spitzenkandidaten der SPD für die Landtagswahl in Bayern 2013 wird nachgesagt, mit der Geographie gelegentlich auf Kriegsfuß zu stehen

Concordia« unter dramatischen Umständen mit über 4200 Menschen an Bord, von denen 30 bei diesem Unglück ihr Leben verlieren – Auf der Bahnstrecke von Sylt nach Husum kollidiert ein Zug der Nord-Ostsee-Bahn mit einer Viehherde und entgleist. Ein Fahrgast stirbt dabei.

17.1. Der deutsche SPD-Abgeordnete Martin Schulz wird zum neuen Präsidenten des Europaparlaments gewählt.

20.1. Nahezu 200 Menschen kommen bei einer Anschlagserie der islamistisch-terroristischen Gruppierung Boko Haram, die in Verbindung mit den afghanischen Taliban steht, im Nordosten Nigerias ums Leben.

23.1. Die Drogeriekette Schlecker mit über 7000 Filialen und mehr als 30 000 Mitarbeitern allein in Deutschland stellt beim Amtsgericht Ulm Insolvenzantrag.

DER DEUTSCHE MARTIN SCHULZ (SPD), SEIT 17. JANUAR NEUER PRÄSIDENT DES EUROPAPARLAMENTS, WIRD DIESES WICHTIGE ENTSCHEIDUNGSGREMIUM BIS ZUR ACHTEN EUROPAWAHL 2014 LEITEN

26.1. Der deutsche Bundestag in Berlin beschließt die Verlängerung des Einsatzes der Bundeswehr in Afghanistan um ein weiteres Jahr.

30.1. Mit Ausnahme von Großbritannien und Tschechien beschließen die übrigen 25 Staaten der Europäischen Union in Brüssel auf einem Sondergipfel einen verbindlichen Fiskalpakt für mehr Haushaltsdisziplin.

FÜR AUFSEHEN IN DER WISSENSCHAFTLICHEN FACHWELT SORGT AM 11. JANUAR DIE BEKANNTGABE DER ENTDECKUNG DES KLEINSTEN BISHER AUF UNSERER ERDE AUSGEMACHTEN WIRBELTIERES DURCH AMERIKANISCHE FORSCHER. AUF PAPUA-NEUGUINEA SIND BIOLOGEN DER LOUISANA STATE UNIVERSITY AUF EINEN NUR SIEBEN BIS ACHT MILLIMETER GROSSEN MINI-FROSCH GESTOSSEN, DEM SIE DEN LATEINISCHEN TAUFNAMEN PAEDOPHRYNE AMAUENSIS VERPASSTEN

FEBRUAR

HAMBURG – EIN WINTERMÄRCHEN
Von wegen es gibt keine »richtigen« Winter mehr: Im Februar tritt die europäische Großwetterlage den schlagenden Gegenbeweis an. Schnee und grimmige Kälte regieren, bescheren jedoch bei Sonnenschein wunderschöne Anblicke wie hier von Hamburg mit der bedeutendsten Barockkirche Norddeutschland, schlicht Michel genannt.

FEBRUAR 2012

EISIGES VERGNÜGEN AUF DER AUSSENALSTER
Mehr als eine Million Menschen tummeln sich in Hamburg am zweiten Februarwochenende auf der zugefrorenen Außenalster. Seit 1997 hatte es kein offizielles Alstereisvergnügen in der Hansestadt gegeben.

LICHT UND SCHATTEN – EUROPA IM GRIFF DER KÄLTEWELLE

Tiefstemperaturen von unter 20 Grad minus verwandeln in Polen die St. Laurentius Kapelle auf dem Gipfel der Schneekoppe zu einem wundersamen Eisgebilde (Foto 1). Vor allem in den osteuropäischen Ländern haben besonders die ärmeren Teile der Bevölkerung unter der Kältewelle zu leiden wie diese dick eingemummelte Zigarettenverkäuferin auf einer Straße in der ukrainischen Hauptstadt Kiew (Foto 2); überhaupt noch irgendwo ein paar Kohlen zum Heizen zu ergattern, wird in Rumänien teilweise zum Problem (Foto 3, aufgenommen im Schiltal); über Wochen hinweg gibt es fast täglich neue Schreckensmeldungen über Kälteopfer, vor allem Obdachlose sind davon betroffen (Foto 4 aus Rumäniens Haupstadt Bukarest). Insgesamt mehr als 250 Menschen erleiden den Tod durch Erfrieren.

1

2

3

4

FEBRUAR 2012

WEM DIE STUNDE SCHLÄGT
Wir schreiben den 17. Februar, es ist Freitag, die Uhr am Schloss Bellevue in Berlin, dem Amtssitz des Deutschen Bundespräsidenten, steht auf Elf (Foto linke Seite oben). Drinnen hält Christian Wulff eine Pressekonferenz ab, die live vom Fernsehen übertragen wird (Foto linke Seite unten). Tags zuvor hatte die Staatsanwaltschaft Hannover die Aufhebung der Immunität des Staatsoberhauptes wegen Vorteilsannahme in seiner Zeit als Ministerpräsident in Niedersachsen beantragt. Dem CDU-Politiker bleibt nichts anderes übrig, als von Amt und Würden abzutreten (Foto rechts). Nur zwei Tage später präsentieren die Parteichefs von fünf der sechs im Deutschen Bundestag vertretenen Partei mit dem ehemaligen DDR-Bürgerrechtler Joachim Gauck (Foto unten Mitte) einen gemeinsamen Kandidaten für die Nachfolgerwahl. Auf dem Foto unten v. l. n. r.: Cem Özdemir und Claudia Roth(Die Grünen), Sigmar Gabriel (SPD), Angela Merkel (CDU), Horst Seehofer (CSU) und Philipp Rösler (FDP).

FEBRUAR 2012

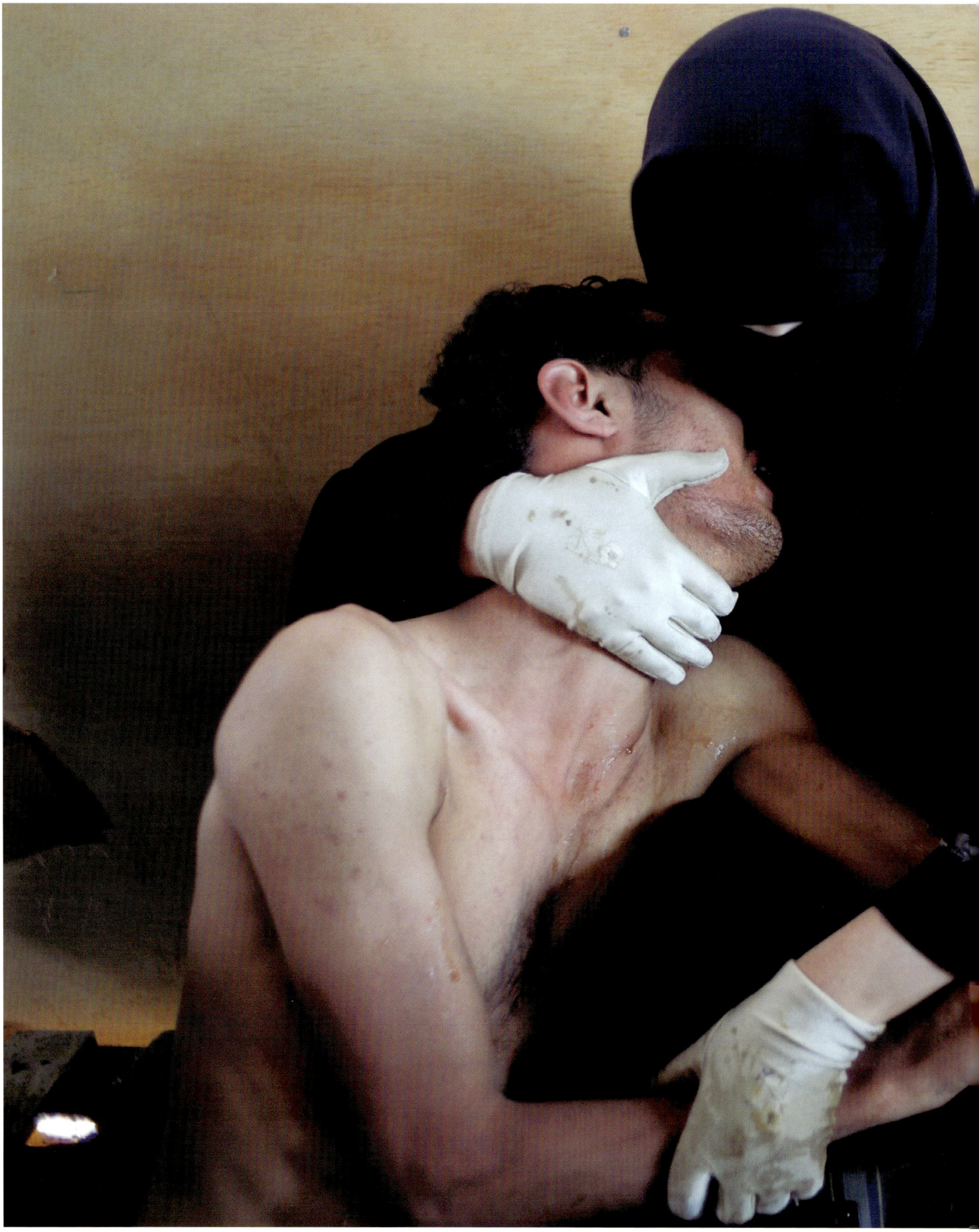

PRESSEFOTO DES JAHRES
Für dieses Bild wird der spanische Fotograf Samuel Aranda am 10. Februar in Amsterdam mit dem World Press Photo Award ausgezeichnet. Die Aufnahme entstand im Oktober 2011 in der jemenitischen Haupstadt Sanaa in einer Moschee, die zum Nothospital für Regimegegner umfunktioniert worden war, die bei friedlichen Demonstrationen gegen Präsident Salih von Sicherheitskräften des Regimes angegriffen und verletzt wurden. Eine verschleierte Mutter hält tröstend ihren Sohn im Arm, der mit Tränengas beschossen worden war.

FEBRUAR 2012

DREIERGIPFEL IN ISLAMABAD

Nachdem eine Aufnahme vertraulicher Gespräche zwischen der afghanischen Regierung in Kabul und Vertretern der radikalislamischen Taliban zur Auslotung von eventuellen Friedensmöglichkeiten stattgefunden hat, kommt es in Pakistans Hauptstadt am 16. Februar zu einem politischen Spitzentreffen zwischen (auf dem Foto oben von links nach rechts übergroß plakatiert) Pakistans Premier Gilani, Afghanistans Präsident Karzai und Irans Präsident Ahmadinedschad, an den zeitweilig auch Pakistans Präsident Zardari teilnimmt. Hauptdiskussionsthema ist die Befriedung der Regionunter Einbeziehung der extremistischen Taliban.

KORANSCHÄNDUNG DURCH US-SOLDATEN

In Afghanistan kommt es vom 21. Februar an in Bagram wie auch anderswo im Land zu blutigen Protesten (Foto rechts), nachdem auf der amerikanischen Bagram Air Base versucht wurde, Exemplare der Heiligen Schrift der Moslems zu verbrennen.

STADION-KATASTROPHE IN ÄGYPTEN

In Port Said kommt es am 1. Februar nach der Fußball-Erstliga-Begegnung zwischen der Heimmannschaft und der Elf Al-Ahly aus Kairo zu brutalen Ausschreitungen, ohne dass die Polizei eingreift (Foto links). Al-Masri zugehörige Hooligans gehen nach der Partie auf die angereisten Fans des Gastteams los. Auf den Tribünen bricht Panik aus, zahlreiche Menschen werden niedergetrampelt. Am Ende der blutigen Randale sind mehr als 70 Tote und über 1000 Verletzte zu verzeichnen.

RELIGIONSFEIER

Mehr als 100 000 gläubige Hindus finden sich von überall her am 20. Februar in Nepals Hauptstadt Kathmandu ein, um am Mahashivarati-Fest zu Ehren Shivas, ihres Gottes der Schöpfung und der Zerstörung, teilzunehmen. Das Foto unten zeigt einen Sadhu, einen sogenannten Heiligen Mann, der sich für diesen Anlass im Pashupati Tempel das Gesicht mit einer Farbpaste bestreicht.

FEBRUAR 2012

VERSTUMMT FÜR IMMER
Weltweite Trauer bei ihren Fans löst die Nachricht von Tod der amerikanischen Soulsängerin Whitney Houston aus, die mit 48 Jahren am 11. Februar in einem Hotel in Kalifornien tot aufgefunden wird. In Quezon City, der größten Stadt auf den Philippinen, können auf einer Art Kondolenzwand ihre Verehrer letzte Abschiedsgrüße an ihr Idol verewigen.

TOKIOS NEUES WAHRZEICHEN
In Japans Metropole wird am 29. Februar der Tokyo Sky Tree fertiggestellt (Foto unten). Dieser höchste Fernsehturm der Welt überragt mit seiner imposanten Höhe von 634 Metern das gesamte Stadtbild und ist zugleich nach dem Burj Chalifa in Dubai (Vereinigte Arabische Emirate, 828 Meter) das zweithöchste Bauwerk auf Erden.

MIT EINEM STAATSAKT WIRD IM KONZERTHAUS AM GENDARMENMARKT AM 23. FEBRUAR DER ZEHN TOTEN GEDACHT, DIE ZWISCHEN 2000 UND 2006 OPFER RECHTSEXTREMISTISCHER GEWALT WURDEN. BUNDESKANZLERIN ANGELA MERKEL BRANDMARKT DIE MORDE DER ZWICKAUER TERRORZELLE ALS »SCHANDE FÜR UNSER LAND«

1.2. In der ägyptischen Stadt Port Said kommt es bei der Erstliga-Fußballbegegnung zwischen dem heimischen Team Al-Masri und Al-Ahly aus Kairo zu brutalen Ausschreitungen. Spieler und Fans der angereisten Gastmannschaft werden nach dem Abpfiff der Partie von bewaffneten Hooligans angegriffen. Mindestens 74 Menschen kommen dabei ums Leben, über 1000 weitere werden verletzt. – Eine extreme Kältewelle hält Deutschland und Europa auf Wochen mit arktischen Temperaturen fest im eisigen Griff. Nahezu tägliche Schreckensmeldung über Erfrierungstote in der Ukraine, Rumänien, Polen, Tschechien, Bulgarien und weiteren Ländern bestimmen nicht nur die aktuellen Nachrichtensendungen von Hörfunk und Fernsehen.

3.2. In Syrien richtet Armeebeschuss in der Stadt Homs, die als Hochburg des Widerstandes gegen das Assad-Regime gilt, ein Blutbad an. Die Rede ist von bis zu 500 Toten und mehr als 1000 Verletzten.

6.2. Königin Elizabeth II. von England begeht ihr Diamantenes Thronjubiläum.

8.2. Einem Medienbericht zufolge soll der Filmfondsmanager David Groenewold 2007 für einen Luxusurlaub von Christian Wulff sowie seiner damaligen Freundin und jetzigen zweiten Ehefrau 2007 aufgekommen sein. Der Bundespräsident lässt verlauten, der Betrag sein später per Bargeldzahlung beglichen worden.

9.2. Erstmals wieder seit dem verheerenden Atomunglück von Harrisburg (1979) genehmigt die US-Atombehörde für das AKW Vogtle im Bundestaat Georgia den Bau zweier neuer Atomreaktoren.

10.2. In Amsterdam wird ein im Jemen aufgenommenes Foto des Spaniers Samuel Aranda, das eine verschleierte Mutter mit ihrem bei einer Demonstration verletzten Sohn zeigt, als Pressefoto des Jahres ausgezeichnet.

11.2. Die amerikanische Soulsängerin Whitney Houston, die mit Songs wie »I Will Always Love You« zum internationalen Weltstar wurde, stirbt mit 48 Jahren in Beverly Hills in Kalifornien. Sie hatte seit Jahren mit Drogen- und Alkoholproblemen zu kämpfen gehabt.

12.2. Zur ganz großen Gewinnerin bei der 54. Verleihung der Grammy Awards in Los Angeles wird die britische Popsängerin Adele, die gleich sechsfach mit dem berühmtesten aller Musikpreise ausgezeichnet wird.

16.2. Die Staatsanwaltschaft Hannover beantragt beim Deutschen Bundestag die Aufhebung der Immunität von Bundespräsident Christian Wulff zur Einleitung von Ermittlungen wegen Vorteilsnahme gegen ihn. – In Pakistans Hauptstadt treffen sich die Regierungschefs Pakistans, Afghanistans und des Irans zu einem Dreiergipfel, um

ALS HÖCHSTE INTERNATIONALE AUSZEICHNUNG IN DER MUSIKBRANCHE GELTEN DIE GRAMMY AWARDS. BEI DER DIESJÄHRIGEN VERLEIHUNG HEIMST DIE BRITISCHE POPSÄNGERIN ADELE, 1988 IN LONDON GEBOREN, SECHS GOLDGLÄNZENDE GRAMMOPHONE ALS PREIS EIN, UNTER ANDEREM FÜR »21« ALS ALBUM DES JAHRES

über Friedensmöglichkeiten in der Region unter Einbeziehung der radikalislamistischen Taliban miteinander zu reden.

17.2. Bundespräsident Christian Wulff tritt als Staatsoberhaupt zurück und begründet diesen

Das Aha-Zitat des Monats

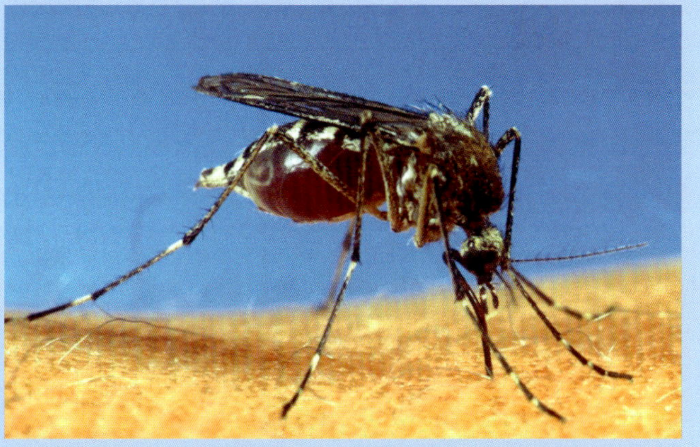

DIE MEDIEN HABEN »NICHT DIE AUFGABE, JEDER MÜCKE IN DEN POPO ZU SCHAUEN«

Dirk Rossmann, Chef der gleichnamigen Drogeriemarktkette, bei seinem Versuch, Christian Wulff in der Fernseh-Extra-Sendung »Jauch« am 17. Februar zum Rücktritt des Bundespräsidenten argumentativen Beistand zu leisten

Schritt mit einem Vertrauensverlust der Bevölkerung ihm gegenüber, der seine Wirkungsmöglichkeiten im Amt nachhaltig beeinträchtige.

19.2. Die im Deutschen Bundestag vertretenen Parteien verständigen sich – mit Ausnahm der Linken – auf Joachim Gauck, den früheren DDR-Bürgerrechtler und späteren Leiter der Stasi-Unterlagenbehörde (1990 bis 2000), als gemeinsamen Kandidaten für die Neuwahl des Bundespräsidenten durch die Bundesversammlung am 18. März.

21.2. Im Hauptquartier der amerikanischen Streitkräfte in Afghanistan, der Bagram Air Base in der Provinz Parasan, kommt es zu einer Bücherverbrennung von Exemplaren des Koran, die trotz einer Entschuldigung von US-Präsident Obama für dieses »Versehen« tagelange blutige Proteste von Muslimen auslöst, in deren Verlauf zahlreiche Menschen sterben, darunter auch zwei ISAF-Soldaten.

23.2. Bei einem großen Staatsakt wird in Berlin der zehn ermordeten Opfer der der Zwickauer Neonazi-Terrorzelle gedacht.

29.2. Das Bundespräsidialamt befindet, dass dem nach nur neunzehnmonatiger Amtszeit zurückgetretenen Ex-Bundespräsidenten Christian Wulff (52) ein lebenslanger Ehrensold in Höhe von 200 000 Euro zusteht. – Nach fast vierjähriger Bauzeit ist in Japans Hauptstadt der Tokyo Sky Tree fertiggestellt worden. Mit seinen 634 Metern ist er der höchste Fernsehturm der Welt und gleichzeitig nach dem Burj Chalifa in Dubai (828 Meter) das zweithöchste Bauwerk auf Erden.

FÜR DIE 85-JÄHRIGE BRITISCHE KÖNIGIN ELIZABETH II. GESTALTET SICH IHR 60. THRONJUBILÄUM AM 6.FEBRUAR MIT EINEN BESUCH DER KINGS LYNN TOWN HALL IN NORFOLK ALS GANZ NORMALER ARBEITSTAG. DIE OFFIZIELLEN STAATS FEIERLICHKEITEN SIND FÜR DEN 2. BIS 5. JUNI TERMINIERT

MEHR ALS 30 JAHRE NACH DEM GAU IM ATOMKRAFTWERK IN HARRISBURG, HAT DIE NUKLEARE REGULIERUNGS-KOMMISION IN WASHINGTON AM 9. FEBRUAR DEN BAU ZWEIER NEUER ATOMREAKTOREN IM US-BUNDESSTAAT GEORGIA GENEHMIGT. DIE OFFIZIELLE BEKANNTGABE DURCH US-ENERGIEMISTER STEVEN CHU (FOTO LINKS) UND DEN PRÄSIDENTEN DES ENERGIEKONZERNS THE SHAW GROUP ERFOLGT AM 15. FEBRUAR VOR ORT BEIM AKW VOGTLE IN WAYNESBORO

MÄRZ

RETTE SICH, WER KANN
Nach lang anhaltenden Starkregenfällen stehen zu Anfang des Monats im Osten Australiens riesige Landstriche unter Wasser, Tausende von Menschen fliehen aus ihren Häusern und überlassen sie den Fluten. In der Umgebung der Stadt Wagga Wagga, New South Wales, bringen sich auch Millionen von Spinnen in Sicherheit und suchen höher gelegene Gebiete auf, die sie mit ihren Netzen überziehen.

MÄRZ 2012

PRÄSIDENTSCHAFTSWAHL IN RUSSLAND

Ministerpräsident Wladimir Putin geht aus der Abstimmung am 4. März mit 63,6 Prozent als klarer Sieger hervor. In Moskau marschieren seine Anhänger nach Bekanntgabe des Ergebnisses zu einer Freudendemonstration in der Nähe des Kremls auf (Foto oben). Oppositionelle Putin-Gegner rufen für den 5. März zu einer Protestkundgebung »Für faire Wahlen« auf dem Moskauer Puschkin-Platz auf, zu der die Staatsmacht ein einschüchterndes Riesenaufgebot an Polizisten bereitstellt (Foto rechts). Von den etwa 14 000 Protestlern gegen die Wahlunregelmäßigkeiten werden Hunderte vorübergehend festgenommen, aber dann im Laufe der Nacht zum größten Teil wieder auf freien Fuß gesetzt.

ZUGABE AUCH BEIM ABSCHIED
Der nach staatsanwaltschaftlichen Ermittlungen gegen ihn wegen Vorteilsannahme zurückgetretene Bundespräsident Christian Wulff (CDU) besteht auch für sich auf den Großen Zapfenstreich der Bundeswehr, wie er zu Ehren scheidender Staatsoberhäupter zelebriert wird. Im Gegensatz zu all seinen Amtsvorgängern gedenkt der 52-Jährige jedoch nicht, sich dabei mit drei – wie traditionell üblich – vom Stabsmusikkorps der Bundeswehr gespielten Musikstücken zu begnügen, sondern besteht auf deren von ihm ausgewählten vier, darunter sinnigerweise »Da berühren sich Himmel und Erde« als auch »Over the Rainbow«. Bei dem Zeremoniell am 8. März vor dem Berliner Schloss Bellevue für den nur noch von weiten Teilen der Öffentlichkeit als peinlich empfundenen Politiker verzichten alle vier noch lebenden bisherigen Bundespräsidenten auf ihre Teilnahme. Das Foto von diesem Abend zeigt von links nach rechts: den Bayerischen Ministerpräsidenten und kommissarischen Bundespräsidenten Horst Seehofer (CSU), Exbundespräsident Christian Wulff sowie Verteidigungsminister Thomas de Maizière (CDU).

MÄRZ 2012

JOACHIM GAUCK IST NEUES STAATSOBERHAUPT

Die Bundesversammlung in Berlin wählt am 18. März den ehemaligen DDR-Bürgerrechtler, der keiner Partei angehört, mit einer Zustimmungsquote von über 80 Prozent der Delegierten zum 11. Bundespräsidenten der Bundesrepublik Deutschland. Das große Foto rechts, entstanden durch einen Zoomeffekt, zeigt ihn in der Bildmitte zusammen mit Mitgliedern der Regierung und Opposition im Reichstag beim Singen der deutschen Nationalhymne. Für die obligatorischen Fernsehinterviews, die anschließend auf ihn warten, kommt auch er nicht um die Bekanntschaft mit dem Schminkpinsel für die Auftritte vor der Kamera umhin (kleines Foto oben links). Fünf Tage später legt der 72-Jährige gegenüber Bundestagspräsident Norbert Lammert seinen Amtseid ab: »Ich schwöre, dass ich meine Kraft dem Wohle des deutschen Volkes widmen, seinen Nutzen mehren, Schaden von ihm wenden, das Grundgesetz und die Gesetze des Bundes wahren und verteidigen, meine Pflichten gewissenhaft erfüllen und Gerechtigkeit gegen jedermann üben will. So wahr mir Gott helfe« (kleines Foto oben Mitte). Sein erster Staatsbesuch ins Ausland führt ihn am 26. März ganz bewusst als »eine Herzenssache« nach Polen, um ein Bedeutungs-Zeichen zur deutsch-polnischen Freundschaft zu setzen. Auf der gemeinsamen Pressekonferenz mit Staatspräsident Bronislaw Komorowski im Belweder-Palast in Warschau zum Abschluss der zweitägigen Visite, bei der Gauck zum Abschied eines der legendären Solidarność-Wahlplakate aus dem Jahr 1989 erhält, kommt es dann am 27. März zu einer denkwürdigen Szene: Unter Verzicht auf die sonst üblichen Politikerposen für die Kameras der anwesenden Presseschar nehmen sich die beiden Staatsoberhäupter einfach nur spontan in die Arme (kleines Foto oben rechts).

MÄRZ 2012

AUF EIN NEUES
Die Abgeordneten im Landtag von Nordrhein-Westfalen in Düsseldorf beschließen am 14. März die Auflösung des Parlaments und Neuwahlen am 13. Mai, nachdem der Haushaltsentwurf der rot-grünen Minderheitsregierung von Ministerpräsidentin Hannelore Kraft im Plenum scheiterte.

AMOKLAUF
In dem südafghanischen Unruhe-Distrikt Pandschwai dringt am 11. März ein 38-jähriger US-Unteroffizier nächtens in die Häuser von einheimischen Dorfbewohnern ein und erschießt in einem Blutrausch 17 Zivilisten, darunter neun Kinder. Das Foto rechts zeigt einen völlig verzweifelten Mann aus dem Dorf Najib Yan, der mit Tränen in den Augen anklagend auf die Todesopfer deutet.

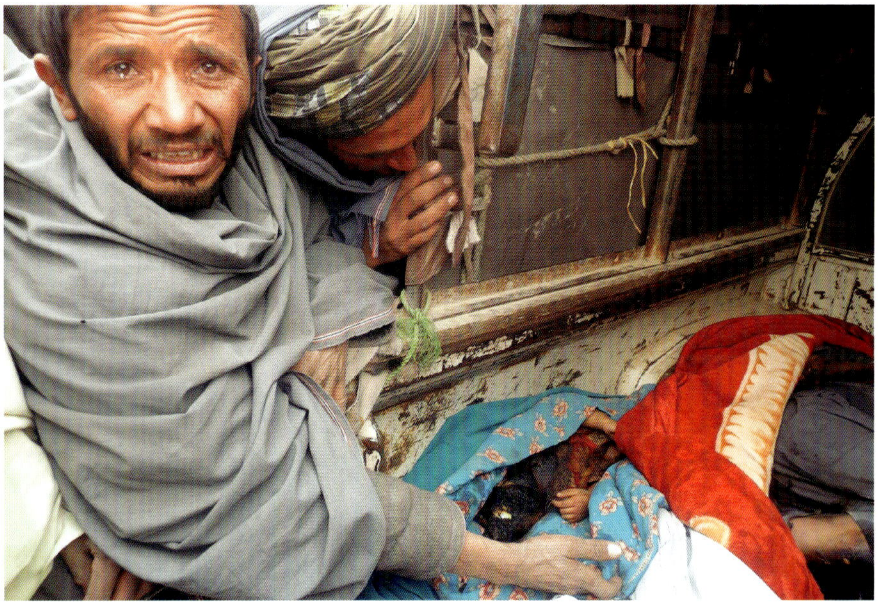

SYRISCHES FLÜCHTLINGSDRAMA
Das Regime von al-Assad akzeptiert zwar am 27. März den vom UN-Sondergesandten Kofi Annan zuvor am 10. März in Damaskus vorgelegten Friedensplan, der unter anderem einen sofortigen Waffenstillstand zwischen den Konfliktparteien vorsieht, was aber nichts daran ändert, dass die Kämpfe in Syrien mit unverminderter Härte weitergehen. Zehntausende von Syrern flüchten deshalb vor dem Bürgerkrieg in die angrenzenden Nachbarländer, vornehmlich in den Libanon und die Türkei. Entlang der Grenze zu Syrien lässt die Regierung in Ankara Auffanglager in Form von Zeltstädten (Foto rechts) oder Containersiedlungen wie bei der ostanatolischen Stadt Kilis errichten (Foto unten).

MÄRZ 2012

DIE FALLAS VON VALENCIA
Sie stellen einen alten Frühlingsbrauch dar, der aus dem 18. Jahrhundert stammt. Die Fallas, die alljährlich vom 15. bis 19. März stattfinden, bilden zusammen mit dem Stierlauf Sanfermines im Juli in Pamplona die größten Feste in ganz Spanien, die Hunderttausende von Besuchern anlocken. Hauptattraktion der Festivitäten sind die von den rund 400 Fallas-Vereinen in der Stadt aufgestellten riesigen, haushohen Skulpturen aus Holz und Pappmaché – nicht unähnlich jenen, die auf den Festwagen der rheinischen Karnevalsumzüge mitgeführt werden –, die dann am letzten Tag nach Einbruch der Dunkelheit feierlich abgefackelt werden.

STRICKART
Ein mit liebevollem Aufwand gestricktes Kunstwerk ziert am 24. März im Herzen von München einen Brückenpfosten über dem Eisbach neben dem Haus der Kunst am Beginn des Englischen Gartens. Der Eisbach mit seiner künstlichen »Dauerwelle« ist ganzjährig ein beliebtes innerstädtisches Revier für Surfer (Foto links).

AUF HÄNDEN GETRAGEN
Der Choreograph Heinz Spoerli (72) präsentiert am 24. März seine letzte Premiere mit dem Zürcher Ballett, das er 16 Jahre als Direktor leitete und zu einer der besten Tanzkompagnien Europas formte. Das Bühnenfoto zeigt eine Szene aus »Grid« zur Musik des 2. Klavierkonzertes von Dmitri Schostakowitsch (Foto unten).

Das Aha-Zitat des Monats

»ICH SCHAUE MIR EBEN GERN SCHÖNE FRAUEN AN. DAS IST NOCH IMMER BESSER ALS SCHWUL ZU SEIN.«

Silvio Berlusconi, Exministerpräsident Italiens, von dem es heißt, er habe sich diversen Schönheitsoperationen unterziehen lassen

1.3. In Brüssel sprechen die EU-Staats- und Regierungschefs bei ihrem Gipfeltreffen Serbien offiziell den Status eines Beitrittskandidaten zu. – Auf eine Neuregelung des Procederes bei Organspenden verständigen sich in Berlin Regierung und Bundestagsfraktionen. Künftig soll die Bereitschaft dazu bei allen erwachsenen Bürgern abgefragt werden.

2.3. Auf dem Außerordentlichen Bundestag des Deutschen Fußball-Bundes, des weltweit größten Sportverbandes, wird Wolfgang Niersbach, bislang Generalsekretär des DFB, zum neuen Präsidenten und Nachfolger von Theo Zwanziger gewählt.

PATRIARCH SCHENUDA III., OBERHAUPT DER KOPTISCHEN-ORTHODOXEN KIRCHE IN ÄGYPTEN UND PAPST VON ALEXANDRIA (SEIT 1971), WIRD NACH SEINEM TOD AM 17. MÄRZ IN VOLLEM ORNAT IN DER MARKUSKATHEDRALE IN KAIRO SITZEND AUFGEBAHRT

4.3. Aus der Präsidentenwahl in Russland geht Wladimir Putin mit 63,6 Prozent der abgegebenen Stimmen als klarer Sieger hervor. Aus Oppositionskreisen werden allerdings massive Zweifel am Zustandekommen dieses Ergebnisses laut.

8.3. Der zurückgetretene Bundespräsident Christian Wulff wird im Park des Berliner Schlosses Bellevue mit einem Großen Zapfenstreich der Bundeswehr verabschiedet. Keiner der noch lebenden vier Alt-Bundespräsidenten, Walter Scheel, Richard von Weizsäcker, Roman Herzog und Horst Köhler, nimmt jedoch demonstrativ an diesem feierlichen Zeremoniell für den CDU-Politiker teil.

11.3. Beim Amoklauf eines Feldwebels der US-Armee in der südafghanischen Provinz Kandahar werden 17 Zivilisten, darunter neun Kinder, ermordet.

AUCH WENN DER KATHOLISCHE PAPST BENEDIKT XVI. ALS ERZKONSERVATIV IN JEDER HINSICHT GILT, SO WICH ER DENNOCH BEI SEINEM MEXIKO-BESUCH IN LEON AM 25. MÄRZ VON SEINEN SONST ÜBLICHEN KOPFBEDECKUNGEN AB

13.3. 244 Jahre lang gab es sie in Buchform, die »Encyclopedia Britannica«. Wie der Verlag nun mitteilt, wird es künftig keine gedruckte Version des legendären und zuletzt 32-bändigen Nachschlagewerkes (2010) mehr geben. – Bei einem katastrophalen Busunglück im Schweizer Autobahntunnel bei Siders kommen 28 Menschen ums Leben, darunter 22 Schüler aus Belgien und den Niederlanden, die sich auf der Heimfahrt von einem Skiaufenthalt im Wallis befanden.

14.3. Die rot-grüne Minderheitsregierung von Hannelore Kraft in Nordrhein-Westfalen scheitert mit dem von ihr im Parlament eingebrachten Haus-

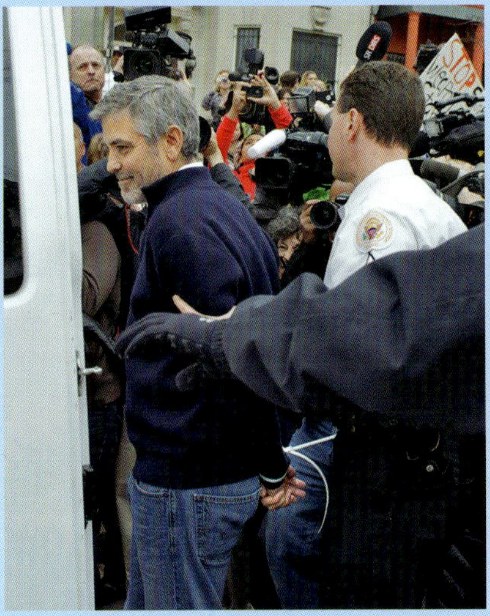

HOLLYWOODSTAR GEORGE CLOONEY WIRD BEI EINER PROTESTDEMONSTRATION AM 16. MÄRZ VOR DER SUDANESISCHEN BOTSCHAFT IN WASHINGTON GEGEN DIE EKLATANTE MISSACHTUNG DER MENSCHENRECHTE IN DEM LAND VORÜBERGEHEND VON DER POLIZEI VERHAFTET

haltsentwurf 2012. Der Landtag in Düsseldorf beschließt daraufhin seine Auflösung. Als Termin für Neuwahlen wird der 13. Mai bestimmt. – Eurogruppen-Chef Jean-Claude Juncker gibt in Luxemburg die Freigabe eines zweiten Hilfspaketes in der Größenordnung von 130 000 Millionen Euros für Griechenland bekannt.

16.3. Hollywood-Star George Clooney, der sich seit Jahren für die Menschen im Sudan engagiert, wird in Washington bei einer Demonstration vor der sudanesischen Botschaft gegen die im Land herrschenden humanitären Zustände vorübergehend festgenommen. Zwei Tage zuvor hatte er sich noch mit Präsident Barack Obama im Weißen Haus zu einem viertelstündigen Informationsaustausch über die latente Krise in dem afrikanischen Land getroffen.

17.3. Papst Schenuda III., Oberhaupt der koptischen Kirche in Ägypten, verstirbt in Kairo im Alter von 88 Jahren.

18.3. Die Bundesversammlung in Berlin wählt mit überwältigender Mehrheit den parteilosen früheren DDR-Bürgerrechtler Joachim Gauck zum elften Staatsoberhaupt der Bundesrepublik Deutschland. Von den 1228 abgegebenen gültigen Stimmen erhält er 991, 126 entfallen auf die von der Linkspartei aufgestellte Kandidatin Beate Klarsfeld.

23.3. Papst Benedikt XVI. tritt eine sechstägige Reise nach Mexiko und Kuba an.

25.3. Bei der Landtagswahl im Saarland, das zuvor von einer Jamaika-Koalition aus CDU, BÜNDNIS 90/DIE GRÜNEN und der FDP regiert wurde, verpassen die Liberalen mit 1,2 Prozent der Stimmen klar den Wiedereinzug ins Parlament. Die CDU siegt mit 35,2 Prozent vor der SPD mit 30,6; die Linke kommt auf 16,1, die Piraten ziehen mit 7,4 Prozent erstmalig in den Landtag ein. Das Ergebnis führt im April zur Bildung einer Großen Koalition aus CDU und SPD mit Annegret Kramp-Karrenbauer als alter und neuer Ministerpräsidentin.

26.3. Seine erste Auslandsreise als neuer Bundespräsident führt Joachim Gauck nach Polen, wo er in Warschau unter anderem von Präsident Bronislaw Komorowski empfangen wird.

27.3. Die syrische Regierung in Damaskus stimmt dem von dem UN-Sondergesandten Kofi Annan unterbreiteten Friedensplan zu, der einen sofortigen Waffenstillstand zwischen den Konfliktparteien vorsieht. Ungeachtet dessen setzt das diktatorische Assad-Regime seinen Kampf gegen die Oppositionsbewegung unvermindert fort. Der Flüchtlingsstrom von syrischen Zivilisten in die angrenzenden Nachbarländer schwillt weiter an.

29.3. Mit den Stimmen der schwarz-gelben Regierungskoalition beschließt der Deutsche Bundestag in Berlin eine Kürzung der Förderung von Solaranlagen.

DER AUTOBAHNTUNNEL DER A9 IN DER WESTSCHWEIZ BEI SIDERS, IN DEM AM 13. MÄRZ BEI EINEM SCHRECKLICHEN OMNIBUSUNGLÜCK 22 SCHÜLER UND SECHS ERWACHSENE STARBEN

APRIL

EIJEIJEI!
Mit nicht weniger als 10 000 buntbemalten Eiern schmückt im thüringischen Saalfeld ein Rentner seinen diesjährigen Ostereierbaum. 1995 begnügte der »Eiermann« sich noch mit 850 derartiger österlicher Dekorationsstücke für seinen Apfelbaum.

APRIL 2012

RADIKAL-ISLAMISTISCHES WAHNSINNSWÜTEN IN MALI

In dem bitterarmen westafrikanischen Land kommt es am 22. März bei einem Militärputsch in der Hauptstadt Bamako zum Sturz des Präsidenten Amadou Toumani Touré. Im Verein unter anderem mit der Islamistengruppe Ansar Dine gelingt es daraufhin Tuareg-Rebellen rasch, die wichtigsten Städte im Norden des Wüstenstaates, darunter auch Timbuktu, unter Kontrolle zu bringen. Am 6. April rufen sie die Region zum neuen unabhängigen Staat Azawad aus, doch die Allianz zwischen den nicht primär religiös motivierten Tuareg und den von dem Terrornetzwerk al-Qaida unterstützten Islamisten währt nur kurz. Ansar Dine besteht darauf, in dem gesamten Gebiet das Recht der Scharia einzuführen, und deren Anhänger beginnen in Timbuktu, die weltberühmten Lehmbauten aus dem 14. bis 16. Jahrhundert, die zum Weltkulturerbe gehören wie etwa Mausoleen, die große Djinger-ber-Moschee (Archivfoto unten) oder die Sankore-Moschee (Foto ganz unten), dem Erdboden gleichzumachen, weil sie nach deren fanatischen Ansichten dem alleinigen Verehrungsgebot des Koran für Allah nicht entsprechen. Wie schon bei der Zerstörung der weltgrößten stehenden Buddha-Figuren aus dem 3. bis 10. Jahrhundert im afghanischen Bamiyan im März 2001 schauen die Weltöffentlichkeit fassungslos und die internationale Politik nur wieder ohnmächtig zu.

GESPENSTISCH

Am Tag der Armee paradieren in Teheran am 17. April an der Ehrentribüne mit dem iranischen Präsidenten Ahmadinedschad unter anderem auch spezielle Elite-Kampftruppen in ihren Tarnanzügen vorbei (Foto rechts).

1
2

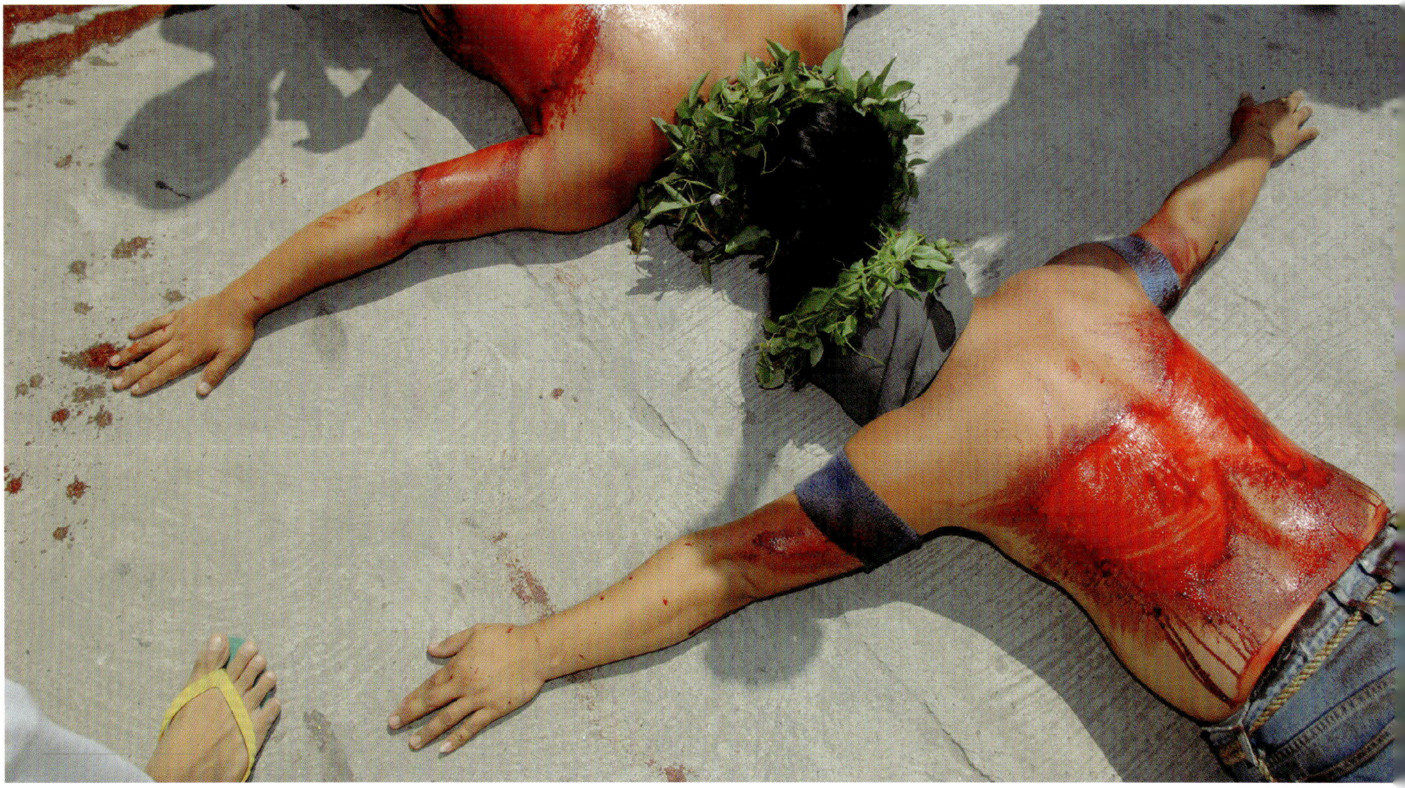

BIS AUFS BLUT
Katholische Religionsfanatiker begehen auf den Philippinen den Karfreitag mit extremen Selbstgeißelungen (Foto links).

WEM DIE STUNDE SCHLÄGT
In weiße Büßergewänder mit spitzen Kapuzen gekleidete Männer schreiten bei den traditionellen spanischen Osterprozessionen der katholischen Laienbruderschaften während der »Heiligen Woche« durch die Straßen der Altstadt von Sevilla (Foto unten links).

OSTERWACHE IN ROM
Das Oberhaupt der Katholiken, Papst Benedikt XVI., feiert am 7. April in Rom die Osternacht. In der Vorhalle des Petersdoms wird das Osterlicht angezündet und danach die Kerze als Zeichen für die Auferstehung Christi von den Toten in die abgedunkelte Basilika gebracht (Foto rechts).

APRIL 2012

DIE AUFERSTEHUNG DER »TITANIC«

Hundert Jahre ist es her, dass der Luxusliner »Titanic« auf seiner Jungfernfahrt vom Britischen Hafen Southampton nach New York im April 1912 südöstlich von Neufundland mit einem Eisberg kollidierte und binnen knapp drei Stunden sank. Mehr als 1500 Menschen kamen bei dem Unglück ums Leben. Der Schweizer Lichtkünstler Gerry Hofstetter gedenkt dieser Katastrophe am 13. April in einer ungewöhnlich beeindruckenden Art und Weise, indem er im Nordpolarmeer vor Grönland auf einen gigantischen schwimmenden Eisberg noch einmal die Silhouette der »Titanic« projiziert (Foto ganz oben).

LAUFT, MEINE BULLEN LAUFT!

Rennsport wird weltweit in allen möglichen Formen betrieben. Beim America`s Cup der Segler treten beispielsweise sogenannte Rennziegen an, millionenteure Hightech-Yachten. Beim traditionellen Bull`s Race im April im pakistanischen Haripur geht`s in dieser Hinsicht auf alle Fälle kostengünstiger für die Starter zu, und die Zuschauer haben dennoch ihren Spaß (Foto oben Mitte).

GRÜNE (?) UNTER SICH
Angela Merkel, Parteichefin der »Schwarzen« und CDU-Bundeskanzlerin besucht am 17. April in ihrem Wahlkreis Nordvorpommern den Vogelpark Marlow bei Bad Sülze (Foto links).

WAS ES NICHT ALLES ZU BESTAUNEN GIBT!
Bei der Internationalen Deutschen Bartmeisterschaft 2012 im schwäbischen Bad Schussenried marschiert am 21. April eine Rekordzahl von 163 Teilnehmern auf, um ihren »Gesichtsschmuck« zu präsentieren (Foto links unten).

LONDONS NEUES WAHRZEICHEN
Nachdem am 3. April der von dem italienischen Architekten Renzo Piano entworfene gläserne Wolkenkratzer »The Shard« (»Die Glasscherbe«) seine Spitze aufgesetzt bekommt, verfügt die britische Hauptstadt über das momentan höchste Bauwerk Europas (Foto unten}.

PAUL CÉZANNES »DER KNABE MIT DER ROTEN WESTE«, BEUTESTÜCK EINES SPEKTAKULÄREN KUNSTRAUBES IN ZÜRICH 2008, WIRD AM 11. APRIL IN SERBIENS HAUPTSTADT BELGRAD VON POLIZEIFAHNDERN SICHERGESTELLT UND EINE REIHE VON VERDÄCHTIGEN FESTGENOMMEN

2.4. Ungarns Staatspräsident Pál Schmitt tritt auf Grund eines Plagiatsskandals von seinem Amt zurück, nachdem ihm zuvor die Budapester Semmelweis-Universität seinen Doktortitel aberkannte. Der zweifache Olympiasieger im Mannschaftsfechten (Mexiko 1968, München 1972) hatte 1992 seine Dissertation »Analyse der Programme der neuzeitlichen Olympischen Spiele« zu nahezu hundert Prozent von anderen Autoren abgekupfert.

3.4. Q-Cells in Bitterfeld-Wolfen, einst weltgrößter Solarzellenproduzent, aber mittlerweile hoch verschuldet, beantragt die Eröffnung eines Insolvenzverfahrens. – In London wird Europas bislang mit 310 Metern höchstes Gebäude, der gläserne Wolkenkratzer »The Shard«, fertiggestellt.

4.4. Das Bundesverwaltungsgericht in Leipzig verhängt ein striktes Nachtflugverbot und erklärt Starts und Landungen auf dem Frankfurter Flughafen in der Zeit zwischen 23:00 und 5:00 Uhr für unzulässig. – Mit seinem Gedicht »Was gesagt werden muss« sorgt der deutsche Literaturnobelpreisträger Günter Grass für politische Aufregung, weil er es wagt, die israelische Iran-Politik zu kritisieren: »Die Atommacht Israel gefährdet den ohnehin brüchigen Weltfrieden.«

DER EHEMALIGE GRIECHISCHE VERTEIDIGUNGSMINISTER »AKIS« TSOCHATZOPOULOS WIRD AM 16. APRIL IN ATHEN VON DER POLIZEI ABGEFÜHRT. ER SOLL IN ZUSAMMENHANG MIT DEM KAUF VON VIER DEUTSCHEN U-BOOTEN IM JAHR 2000 MIT MILLIONEN BETRÄGEN GESCHMIERT WORDEN SEIN

10.4. Gesine Lötzsch, Jahrgang 1961 und zusammen mit Klaus Ernst seit Mai 2010 eine der beiden Vorsitzenden der Linkspartei, erklärt ihren Rücktritt. Als Begründung gibt sie den Gesundheitszustand ihres dreißig Jahre älteren Ehemanns an.

11.4. Im Februar 2008 wurde die Kunstsammlung eines Schweizer Industriellen in Zürich zum Schauplatz eines bewaffneten Kunstraubes, bei dem die Täter vier berühmte Gemälde mit einem Schätzwert von 180 Millionen Franken erbeuteten, darunter auch Cézannes »Der Knabe mit der roten Weste«. Nach mehr als vierjährigen Fahndungsbemühungen konnte dieses Werk nun in Serbiens Hauptstadt Belgrad sichergestellt werden.

12.4. Der Europäische Gerichtshof für Menschenrechte in Straßburg befindet, dass das deutsche Inzestverbot bei Geschwistern rechtens ist.

14.4. Radikalislamische Islamisten beginnen in verschiedenen deutschen Städten in einer großangelegten Werbekampagne mit der massenhaften kostenlosen Verteilung von Koran-Exemplaren an Passanten. Angelegt ist diese mutmaßlich von ägyptischen Kreisen finanziell unterstützte Verschenk-Aktion auf 25 Millionen Bände.

16.4. Der griechische Exverteidigungsminister Apostolos-Athanasios Tsochatzopoulos (72) wird in Athen unter anderem wegen des Verdachtes auf Korruption verhaftet. Bei der Beschaffung von vier deutschen Brennstoffzellen-U-Booten der 214er Klasse im Jahr 2000, ein Auftrag mit einem Volumen von 2,85 Milliarden Euro, soll ein Schmiergeld in zweistelliger Millionenhöhe an ihn geflossen sein.

17.4. Vor dem Amtsgericht in Oslo wird der Prozess gegen den norwegischen Massenmörder

DER DEUTSCHE AUTOMOBILBAUER AUDI ÜBERNIMMT PER 18. APRIL DEN ITALIENISCHEN MOTORRADHERSTELLER DUCATI, DER IN DER KÖNIGSKLASSE DES RENNSPORTS, DER MOTO-GP, MIT DEM NEUNFACHEN WELTMEISTER VALENTINO ROSSI AUS ITALIEN UNTERWEGS IST

Das Aha-Zitat des Monats

»ES WAR FALSCH, DEN HONIGTOPF VON ANFANG AN IN DIE MITTE DES TISCHES ZU STELLEN. DAS WAR DAS SIGNAL AN DIE GRIECHEN, DASS SIE NUR ZUGREIFEN MUSSTEN.«

FDP-Finanzexperte Hermann Otto Solms im April in der »Passauer Neuen Presse« über die üppigen europäischen Finanzhilfen für das total überschuldete, aber dennoch nur begrenzt reformwillige Balkanland

Anders Breivik eröffnet, der am 22. Juli 2011 bei einem Sprengstoff-Attentat in Oslo und einem anschließenden Amoklauf auf der Fjordinsel Utøya 77 Menschen tötete. Der Rechtsterrorist Breivik gesteht die Taten zwar ein, erklärt sich aber für nicht schuldig.

18.4. Die VW-Tochter Audi in Ingolstadt kauft den in Bologna ansässigen italienischen Motorradhersteller Ducati.

19.4. Indien testet erfolgreich eine Langstreckenrakete vom Typ »Agni V«, die Atomsprengköpfe über eine Distanz von mehr als 5000 Kilometern zu ihren Zielen zu transportieren vermag.

22.4. Bei der ersten Runde der Präsidentenwahl in Frankreich erhält der Sozialist François Hollande 28,6 Prozent der abgegebenen Stimmen; Amtsinhaber Nicolas Sarkozy von der konservativen Union pour un mouvement populaire bringt es auf 27,2 Prozent; die Rechtspopulistin Marine Le Pen von der Front national erreicht 17,9 Prozent. Die beiden Erstplatzierten treten am 6. Mai bei einer Stichwahl gegeneinander an.

23.4. In den Niederlanden reicht die aus Liberalen und Christdemokraten gebildete Minderheitsregierung von Ministerpräsident Mark Rutte bei Königin Beatrix I. ihren Rücktritt ein, nachdem wochenlange Verhandlungen über einen Sparhaushalt zur Senkung des Staatsdefizits scheitern. Die europaskeptische Freiheitspartei (PVV) des Rechtspopulisten Geert Wilders, auf deren Abgeordnetenstimmen Rutte im Parlament angewiesen ist, verweigerte sich dem verordneten »Spardiktat aus Brüssel«.

26.4. Am 26. Jahrestag der Atomkatastrophe von Tschernobyl legt der ukrainische Präsident Viktor Janukowitsch in der Sperrzone um den Unglücksreaktor, der immer noch Strahlung abgibt, symbolisch den Grundstein für eine neue Schutzhülle, die über den marode gewordenen Beton-Sarkophag gestülpt werden soll (siehe Skizze unten).

30.4. Die amerikanische Fluggesellschaft Delta Air Lines kauft sich bei Philadelphia, um kostengünstiger an Treibstoff zu kommen, der Einfachheit halber gleich eine ganze Raffinerie.

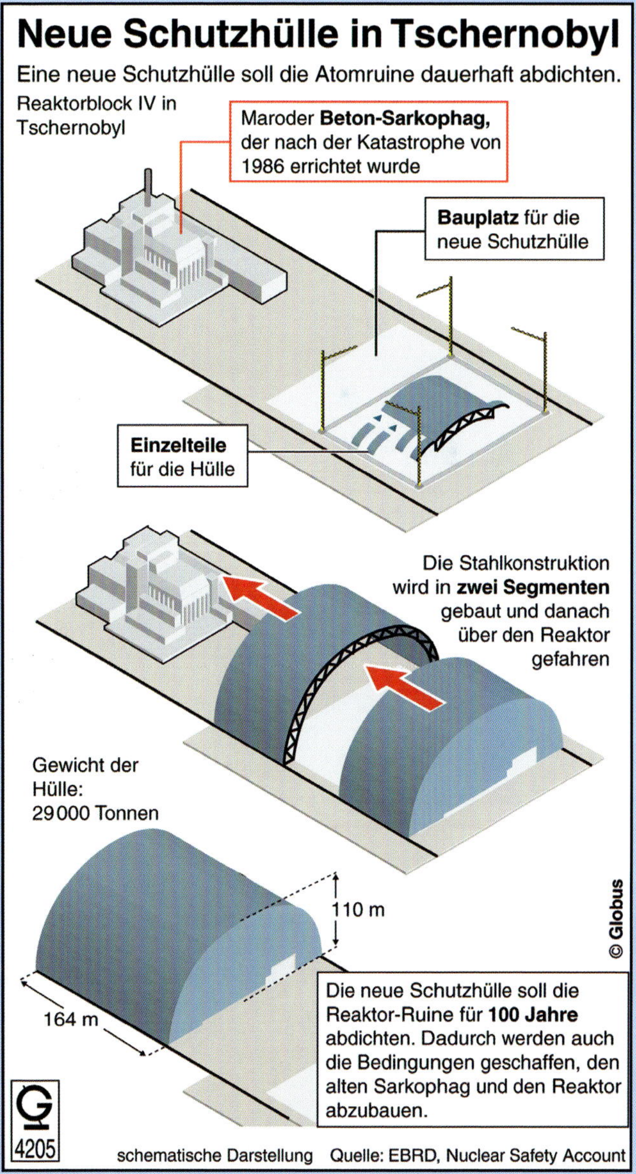

MAI

ENDSTATION MÜLLKIPPE
Durch die Trockenlegung von Feuchtgebieten in ihrem natürlichen Lebensraum rund um die indische Millionenstadt Guwahati im Bundesstaat Assam tun sich die selten gewordenen Großen Marabus immer schwerer mit der Nahrungssuche. Die Allesfresser weichen deshalb, wie hier auf dem Foto vom 10. Mai, notgedrungen auf Müllhalden aus, die sie sich mit nicht minder armen Wertstoffsammlern teilen.

MAI 2012

MACHTWECHSEL IN FRANKREICH
Im Pariser Élysée Palast wird Frankreichs neuer Präsident, der Sozialist François Hollande, (im Bildhintergrund oben mit seiner Lebensgefährtin, der Journalistin Valérie Trierweiler) am 15. Mai offiziell in sein neues Amt eingeführt. Hand in Hand mit seiner Frau Carla Bruni nimmt sein Amtsvorgänger, der Konservative Nicolas Sarkozy, Abschied von der Macht und steuert auf die wartende Limousine zu (Foto rechts).

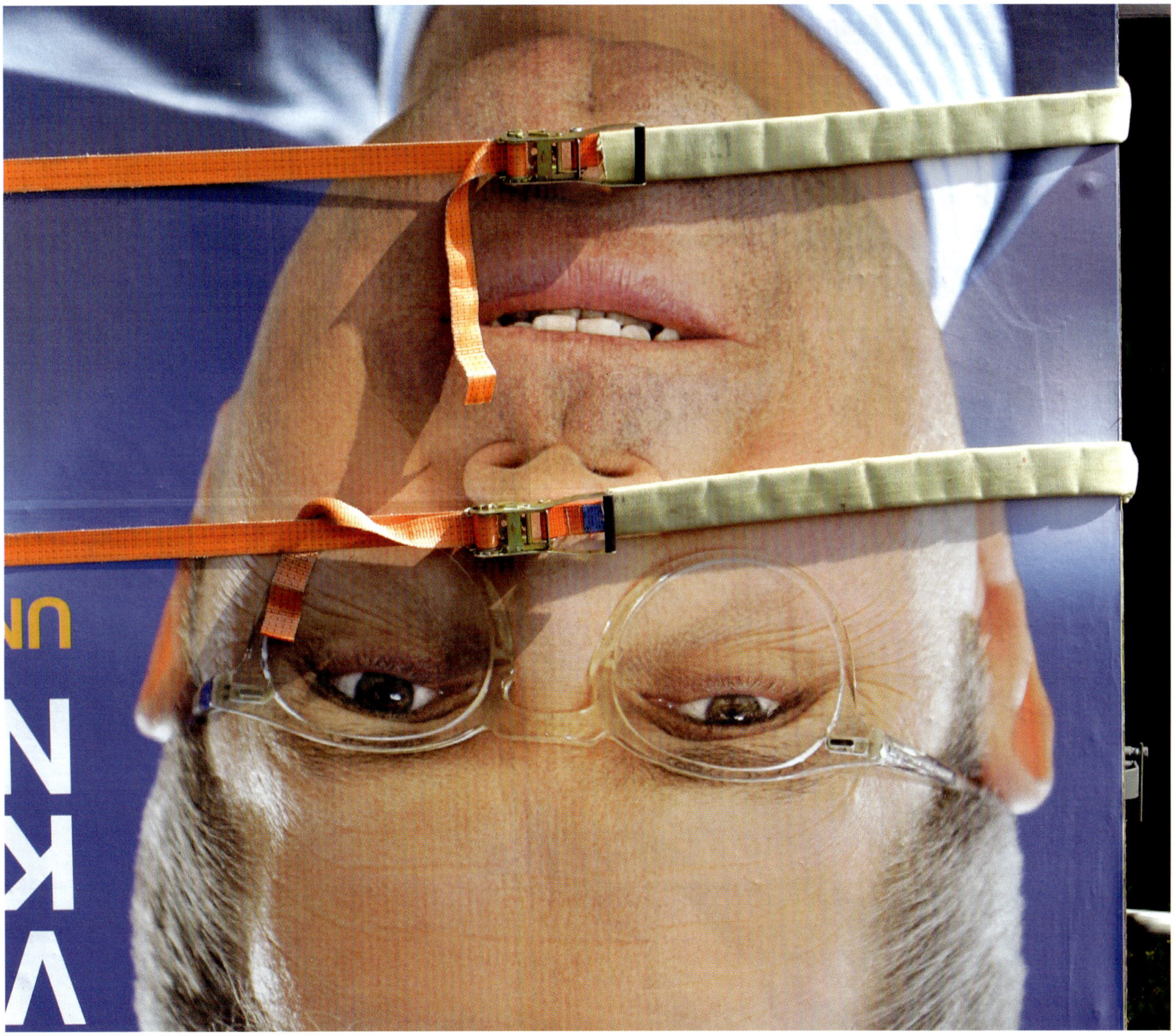

UND WEG MIT IHM

Einen Tag nach der desaströsen Wahlniederlage in Nordrhein-Westfalen am 13. Mai wird Plakat-Strahlemann der CDU und Spitzenkandidat Norbert Röttgen in Oberhausen abgebaut und festverschnürt abtransportiert (Foto oben). Am 16. Mai erfolgt seine Entlassung aus dem Amt des Bundesumweltministers durch CDU-Bundeskanzlerin Angela Merkel. Als Schatten seiner selbst (Foto rechts, rechts) bekommt er im Beisein seiner Kabinettschefin (links) von Bundespräsident Joachim Gauck (Mitte) am 22. Mai seine Entlassungspapiere überreicht.

MAI 2012

DER G-8-GIPFEL

Zum Treffen der wichtigsten Staats- und Regierungschefs am 18./19. Mai bei Amerikas Präsident Barack Obama in Camp David scheint Bundeskanzlerin Angela Merkel, wie dieses Foto suggeriert (Foto rechts), nicht nur mit politischen Erwartungen angereist zu sein. Und wer bisher gemeint hat, die Mächtigen dieser Welt würden hinter verschlossenen Türen bis tief in die Nacht ausschließlich weltbewegende Fragen erörtern, sieht sich durch dieses vom Weißen Haus offiziell freigegebene Bild (Foto unten) eines Besseren belehrt: Die haben alle miteinander in ihrem Konferenzraum Fußball geguckt, und zwar das Champions-League-Finale zwischen Bayern München und FC Chelsea. Und das politische Ergebnis? In Anbetracht der Weltwirtschaftskrise eine eher dürftige allgemeine Verpflichtungserklärung zur Stärkung und Neubelebung der jeweiligen Wirtschaften.

UEFA CHAMPIONS-LEAGUE-FINALE
Dunkle Wolken ziehen am 19. Mai über der Münchner Allianz-Arena auf (Foto links), in der Bayern München »dahoam« den FC Chelsea empfängt, um seinen Traum von einem erneuten Gewinn der Krone des europäischen Vereinsfußballs (nach 2001) wahrzumachen. Doch aus dem Traum wird ein Trauma. In einer temporeichen Begegnung dominieren die »Roten« das Geschehen auf dem Platz, gehen in der 83. Minute durch Thomas Müller in Führung, kassieren aber fünf Minuten später durch Didier Drogba den Gegentreffer. In der Verlängerung erhalten die Bayern einen Elfmeter zugesprochen (95.), doch Arjen Robben vergibt kläglich, es setzt »Käseroller«-Schmährufe für den Niederländer von den Rängen. Nach 120 Minuten steht die Partie 1:1, ein Elfmeterschießen muss die Entscheidung bringen, Dramatik pur. Doch bei den Bayern versagen Ivica Olić die Nerven, er scheitert an Chelsea-Keeper Čech, und Sebastian Schweinsteiger trifft nur den Pfosten. 3:4 endet das Shootout zu Gunsten der Engländer, die Bayern sind am Boden zerstört (Foto links Mitte), die Pechvögel Arjen Robben (hockend) und Sebastian Schweinsteiger (Foto unten rechts) vermögen die bitterste aller Niederlagen zu Ende einer verkorksten Saison nicht zu fassen. Der FC Chelsea gewinnt erstmals in seiner Vereinsgeschichte die Champions League, und die Mannschaft jubelt entsprechend (Foto unten links).

MAI 2012

BVB-TRIUMPH IM DOPPELPACK

Bereits zwei Spieltage vor Ende der Fußball-Bundesligasaison 2011/2012 am 5. Mai stand der Ballspielverein Borussia 09 e.V. Dortmund als alter und neuer deutscher Fußballmeister fest. Nur eine Woche später gewinnen die Borussen im Berliner Olympiastadion auch das DFB-Pokalfinale und damit erstmals auch in ihrer Vereinsgeschichte das sogenannte Double. Das Team von Trainer Jürgen Klopp fertigte dabei Bayern München mit 5:2 (Foto oben vom Tor zum 4:1 durch Robert Lewandowski (r.) gegen Manuel Neuer) auch in spielerisch begeisternder Weise ab. Zu Recht reckt Mannschaftskapitän Sebastian Kehl anschließend auf der Ehrentribüne an der Seite von Bundespräsident Joachim Gauck den »Pott« freudestrahlend in die Höhe (Foto rechts).

FAN-WAHNSINN FÜHRT ZUM FUSSBALL-CHAOS

Relegation, das bedeutet Entscheidungskampf um den letzten verbleibenden Platz in der höchsten Spielklasse des deutschen Fußballs für die nächste Saison. Der Drittletzte der 1. Bundesliga tritt dabei gegen den Dritten der 2. Bundesliga an, der eine will den Abstieg doch noch vermeiden, der andere doch noch den Aufstieg schaffen. Fortuna Düsseldorf gewinnt dabei am 10. Mai das Auswärtsspiel gegen Hertha BSC in Berlin. Fünf Tage später findet das Rückspiel in Düsseldorf statt. Anderthalb Minuten vor Spielende stürmen, ohne dass der Schiedsrichter die Begegnung bereits abgepfiffen hätte, beim Spielstand von 2:2, der für Fortuna den Aufstieg bedeutet, Hunderte von aus dem Häuschen geratene Düsseldorfer Anhänger den Platz (Foto links), ein sogenannter Fan gräbt in seiner Euphorie sogar den Elfmeterpunkt aus, um sich das Rasenstück als Souvenir zu sichern (ARD-Screenshots Foto links oben). Erst nach einer 20-minütigen Unterbrechung kann die Partie zu Ende gebracht werden. Das Resultat wird aber dennoch im Nachhinein vom DFB als gültig bewertet, Düsseldorf wird erstmals wieder seit 1997 Fußball in der Saison 2012/2013 erstklassig spielen.

SPACE X DRAGON

Als erster privat-kommerzieller Raumtransporter bringt die Weltraumkapsel Dragon des amerikanischen Unternehmens SpaceX am 25. Mai Ausrüstungsnachschub und Lebensmittel zur Internationalen Weltraumstation ISS.

DER AMERIKANISCHE KINDERBUCHAUTOR UND ILLUSTRATOR MAURICE SENDAK STIRBT AM 8. MAI 83-JÄHRIG IM US-BUNDESSTAAT CONNECTICUT. DAS FOTO ZEIGT AMERIKAS FIRST LADY MICHELLE OBAMA, DIE AM 1. NOVEMBER 2011 KINDERN IN NEW ORLEANS AUS DESSEN BERÜHMTESTEM BUCH »WO DIE WILDEN KERLE WOHNEN« MIT SICHTLICHEM ENGAGEMENT VORLIEST

2.5. Nach dem Rücktritt von Ungarns bisherigem Staatspräsidenten Pál Schmitt wegen Plagiatsvorwürfen wählt das Parlament in Budapest den rechts-konservativen Europa-Abgeordneten János Áder zu dessen Nachfolger.

3.5. Die EU-Kommission in Brüssel erklärt, dass keines ihrer 27 Mitglieder in der Ukraine Spiele der Fußball-Europameisterschaft aus Protest gegen die Behandlung der inhaftierten Oppositionspolitikerin Julija Timoschenko besuchen werde.

6.5. Bei der Stichwahl um das Amt des französischen Präsidenten vereint der Sozialist François Hollande (57) 51,6 Prozent der Stimmen auf sich und löst damit den bisherigen konservativen Amtsinhaber Nicolas Sarkozy ab. – Bei den Landtagswahlen in Schleswig-Holstein wird die bisherige Regierung aus CDU und FDP abgewählt. SPD, Grüne und der Südschleswigsche Wählerverband (SSW) verständigen sich bei Koalitionsverhandlungen auf ein Dreierbündnis; Torsten Albig (SPD) wird am 12. Juni zum neuen Ministerpräsidenten des Landes gewählt. – Die Parlamentswahlen im hochverschuldeten EU-Sorgenstaat Griechenland erbringen keine regierungsfähigen Mehrheiten. Am 17. Juni steht daher den Hellenen ein neuerlicher Urnengang bevor.

MIT DEM TITEL »EUPHORIA« GEWINNT DIE SCHWEDISCHE SÄNGERIN LOREEN AM 26. MAI IN BAKU (ASERBAIDSCHAN) DEN 57. EUROVISON SONG CONTEST

8.5. Die für den 3. Juni vorgesehene Eröffnung des neuen Flughafens Berlin Brandenburg wird wegen Brandschutz-Problemen abgesagt. Als neuer Termin wird der 13. März 2013 genannt. – Maurice Sendak ist tot. Der berühmte Kinderbuchautor und Illustrator erliegt im Alter von 83 Jahren im US-Bundesstaat Connecticut einem Schlaganfall.

9.5. Bei einem Demonstrationsflug des neuen russischen Superjets 100 in Indonesien kommen alle 47 Insassen ums Leben.

11.5. In der südkoreanischen Stadt Yeosu wird die Weltausstellung Expo 2012 eröffnet.

12.5. Mit einem 5:2 Finalsieg über den FC Bayern München gewinnt Borussia Dortmund nach der

ALS »VATILEAKS-SKANDAL« TITULIERTE DIE PRESSE DEN SACHVERHALT, DASS LÄNGER SCHON GEHEIME DOKUMENTE AUS DEM VATIKAN AN DRITTE »GESPIELT« WURDEN. AM 23. MAI WIRD ALS »QUELLE« PAOLO GABRIELE, KAMMERDIENER VON PAPST BENEDIKT UND AUCH AUF REISEN DESSEN STÄNDIGER BEGLEITER (AUF DEM FOTO ALS REGENSCHIRMHALTER BEI EINEM BESUCH IM FRANZÖSISCHEN WALLFAHRTSORT LOURDES), FESTGENOMMEN

Das Aha-Zitat des Monats

»SO EINEN DUMMEN SPRUCH KANN NUR EIN VOLLPFOSTEN BRINGEN.«

FDP-Mann Tobias Thalhammer, Parlamentarischer Geschäftsführer der Landtagsfraktion in München, über FDP-Frau Birgit Homburger, stellvertretende Bundesvorsitzende, die vor dem Champions-League-Finale erklärt, sie hasse Bayern München

Deutschen Fußballmeisterschaft im Berliner Olympiastadion auch den DFB-Pokal.

13.5. Aus der vorgezogenen Landtagswahl in Nordrhein-Westfalen geht die bisherige Minderheitsregierung aus Rot-Grün nunmehr mit deutlicher Mehrheit als Sieger hervor. Die CDU stürzt von ehemals 34,6 Prozent der Stimmen auf 26,3 Prozent ab, ihr Spitzenkandidat, Bundesumweltminister Norbert Röttgen, erklärt seinen Rücktritt als Partei-Landesvorsitzender.

16.5. Bundeskanzlerin Angela Merkel entlässt drei Tage nach dem Wahldebakel in NRW Bundesumweltminister Norbert Röttgen. Sein Nachfolger wird der bisherige Parlamentarische Geschäftsführer der CDU/CSU-Bundestagsfraktion Peter Altmaier.

18.5. Das soziale Netzwerk Facebook startet in New York den bisher größten Internet-Börsengang mit einem Einnahmevolumen von 16 Milliarden Dollar für die Unternehmensinhaber. Die Aktie, Ausgabekurs 38 Dollar, entpuppt sich jedoch als Flop und bricht in den folgenden Wochen und Monaten massiv ein.

19.5. Der deutsche Fußball-Rekordmeister FC Bayern München verliert das Champions-League-Finale in der heimischen Allianz Arena nach Elfmeterschießen gegen den FC Chelsea.

22. 5. Erstmals in der Geschichte der amerikanischen Raumfahrt bringt eine Raumkapsel des kalifornischen Privatunternehmens SpaceX vom Weltraumbahnhof Cape Canaveral aus Nachschub für die Internationale Raumstation ISS ins All.

23.5. Im Vatikan wird Paolo Gabriele, Kammerdiener und Vertrauter von Papst Benedikt XVI., wegen des Verdachtes festgenommen, vertrauliche Schriftstücke an außenstehende Dritte weitergegeben zu haben.

26.5. Die Schwedin Loreen gewinnt mit »Euphoria« in Aserbaidschans Hauptstadt Baku den 57. Eurovision Song Contest.

27.5. Mit Ryder Hesjedal siegt erstmals ein Kanadier bei der klassischen Radrundfahrt Giro d`Italia.

SIEGEREHRUNG BEIM GIRO D`ITALIA VOR DEM MAILÄNDER DOM. NACH 21 ETAPPEN ÜBER 3504 KILOMETER GEWINNT AM 27. MAI MIT RYDER HESJEDAL ERSTMALS EIN KANADIER DIE ITALIENRUNDFAHRT DER RADPROFIS, UND DAS FOTO ERWECKT DEN EINDRUCK, ALS GRÜSSE SOGAR DER PAPST AUS DEM HINTERGRUND

JUNI

WELTKULTURERBE IN BAYREUTH

Bei der 36. Sitzung des Welterbe-Komitees im russischen St. Petersburg am 30. Juni wird das Markgräfliche Opernhaus in Bayreuth in die Liste der größten Kulturschätze der Menschheit mit aufgenommen. Das barocke Prachttheater, in den Jahren 1745 – 1748 von Joseph Saint-Pierre erbaut, wird zwar seit 2009 nicht mehr bespielt, ist aber für Besucher als Museum zur Besichtigung zugänglich.

JUNI 2012

1

2

3

DIAMANTENES THRONJUBILÄUM DER QUEEN

Den Höhepunkt zu den offiziellen Feierlichkeiten der 60-jährigen Regentschaft der britischen Königin Elizabeth II. bildet am Sonntag, dem 3. Juni, eine große Schiffsparade in London auf der Themse zwischen Battersea Bridge und Tower Bridge (1), die von der königlichen Barkasse »Gloriana«, gerudert von 18 bärenstarken Seeleuten, angeführt wird (2). Die Royals nehmen an Bord der »Spirit of Chartwell« an der Wasserprozession teil (3), die Queen in Admiralsweiß gekleidet (4), während der männliche Teil der königlichen Familie Uniform trägt (5). An die tausend ganz unterschiedlicher Boote geben ihnen das Ehrengeleit, darunter ein Glockenschiff (6) oder auch ein historisches Maori Waka (Kriegskanu) aus Neuseeland (7). Mehrere hunderttausend Zuschauer verfolgen vom Ufer aus trotz britischem Schmuddelwetter mit Nieselregen dieses einmalige Spektakel, wobei es an ein statisches Wunder grenzt, dass keiner der heillos überfüllten Mini-Balkone an einem der Wohnhäuser entlang der Strecke abgestürzt ist (8).

4

5

6

7

8

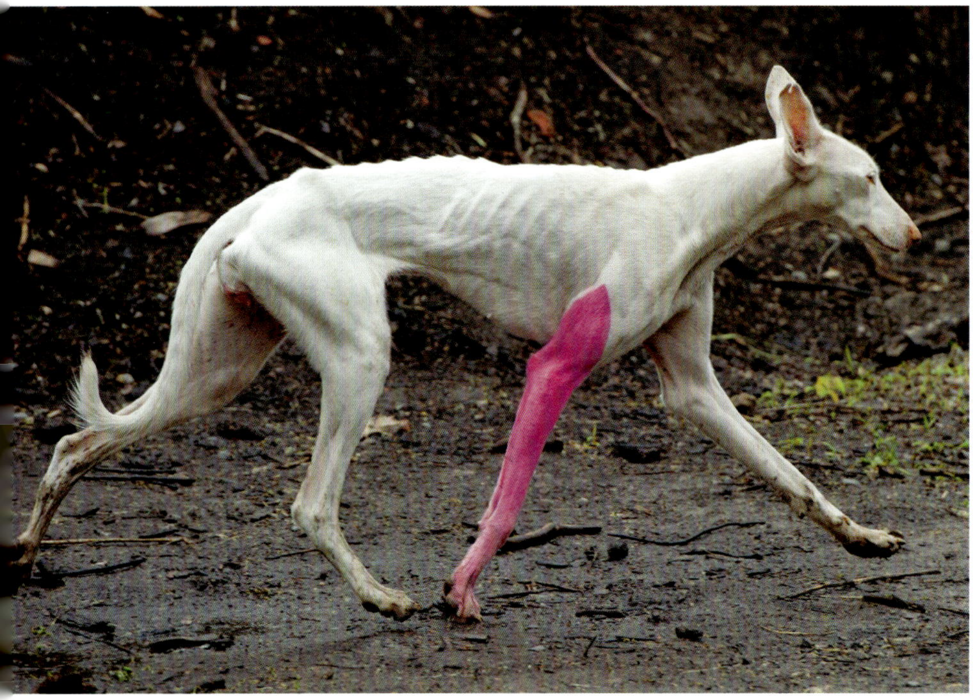

KUNSTAUSSTELLUNG DOCUMENTA
Bundespräsident Joachim Gauck eröffnet am 9. Juni in Kassel die bis zum 16. September dauernde 13. documenta, die weltweit als wichtiges Forum für zeitgenössische Kunst gilt. Zu bestaunen gibt es etwa das »Momentary Monument IV« der Italienerin Lara Favaretto, ein von Kunstsinnigen als Recyclinglandschaft bezeichneter Schrotthaufen (Foto oben). Das Tier auf dem Foto links »Human«, und denjenigen, die es für einen schlichten spanischen Windhund mit pinkfarben angemaltem Vorderlauf halten, sei gesagt, dass es sich dabei um »Living Art« des französischen documenta-Künstlers Pierre Huyghe handelt und Teil der Arbeit »Untilled – Lebendige Wesen und leblose Dinge, gemacht und nicht gemacht« ist.

ISLAMIST IST NEUER PRÄSIDENT ÄGYPTENS

Das offizielle Ergebnis der Präsidentenwahl vom 16./17. Juni wird am 24. Juni verkündet. Mit Mohammed Mursi, Jahrgang 1951, hat sich der Kandidat der gemäßigten Muslimbruderschaft (Foto rechts) mit 51,8 Prozent der Stimmen gegenüber Ahmed Sharik, den Favoriten der Militärs, durchgesetzt.

POLIT-GROSSINZENIERUNG MIT MAGEREN ERGEBNISSEN

Zum G-20-Gipfel am 18./19. Juni finden sich die führenden Vertreter der 20 wichtigsten Industrie- und Schwellenländer im mexikanischen Badeort Los Cabos ein, um über die kriselnde Weltwirtschaft zu beraten. Die gemeinsame Abschlusserklärung beinhaltet unter anderem bloße Appelle für einen freien Welthandel ohne weitere Marktabschottungen, und die Euro-Länder sagen in einer unverbindlichen Absichtsbekundung zu, die sich verschärfende Schuldenkrise lösen zu wollen.

JUNI 2012

UEFA EURO 2012

Vom 8. Juni bis zum 1. Juli findet in Polen und der Ukraine die Fußball-Europameisterschaft statt, für die im Vorfeld sich 16 Mannschaften qualifiziert hatten, darunter auch die DFB-Elf, ungeschlagen. Wie inzwischen bei solch einem Sport-Großereignis üblich, werden von den Medien Ergebnis-Orakel bemüht. Der Fischotter Mörmel aus dem Zoo in Aue (1) lag mit seinen »Vorhersagen« für die Mannen von Bundestrainer »Jogi« Löw immerhin bis zum Halbfinale richtig. Auftaktgegner der Deutschen in der Vorrundengruppe B ist am 9. Juni in Lemberg Portugal. Was die deutschen Nationalspieler dabei auf dem Platz fabrizieren, hat mit Spielfreude und Einsatzbereitschaft wenig zu tun. Exnationalspieler Mehmet Scholl und ARD-Experte ätzt am Fernsehmikrofon (2) über die Laufleistung von Mittelstürmer Mario Gomez, er habe zwischendurch Angst gehabt, »dass er sich wundliegt und mal gewendet werden muss«. Der macht aber dennoch per Kopf das alles entscheidende Siegtor zum 1:0 und jubelt entsprechend (3). Am 13. Juni sind dann die Niederlande, die als schwer zu knackende »Nuss« gelten in Kharkiv der Gegner. Dank zweier Treffer von Mario Gomez, jeweils nach brillanten Vorlagen von Sebastian Schweinsteiger (4), nimmt mit 2:1 das DFB-Team auch diese Hürde auf dem Weg ins Viertelfinale. Für den 17. Juni ist die Begegnung gegen Dänemark in Lemberg anberaumt. Lukas Podolski schießt in seinem 100. Länderspiel Deutschland in der 19. Minute in Führung, doch die Dänen gleichen nach einer Ecke in der 24. Minute durch Michael Krohn-Dehli per Kopfball aus. Die Partie gerät zur Zitternummer, denn bei dem gleichzeitig ausgetragenen Match zwischen Portugal und Holland sind die Portugiesen in Führung gegangen. Eine Niederlage gegen Dänemark hätte für Deutschland das Ausscheiden aus dem Turnier bedeutet. Doch in der 80. Minute sorgt

ausgerechnet Rechtsverteidiger Lars Bender für das erlösende 2:1 und wird danach von Stürmerstar Miroslav Klose regelrecht abgeherzt (5). Deutschland ist als Gruppenerster eine Runde weiter. Vor dem Viertelfinale, das am 22. Juni in Danzig gegen Griechenland ausgetragen wird, wollen Journalisten vom deutschen Bundestrainer wissen, ob der Begegnung auch eine politische Brisanz zukäme, denn das Gros der Griechen sei sauer über die Haltung der Bundesregierung in der Schuldenkrise gegenüber ihrem Land. Joachim Löw erklärt, er habe zu Bundeskanzlerin Angela Merkel ein sehr gutes Verhältnis und zudem eine Abmachung: »Sie redet mir nicht in die Aufstellung rein und ich ihr nicht in ihre politischen Statements.« (6, Archivfoto) Die von ihm neu formierte Angriffsformation mit Miroslav Klose, André Schürrle und Marco Reus wirbelt jedenfalls die Abwehrspezialisten vom Peloponnes (Sportjournalistenjargon: »Betonbollwerk«) ziemlich nach Belieben durcheinander, am Ende steht es hochverdient 4:2, und im Halbfinale trifft Deutschland nun auf Italien. Doch gegen die Squadra Azzurri, den Angstgegner, erfolgt ein böses Erwachen aus allen Titelträumen. »Jogi« Löw wartet am 28. Juni in Warschau zunächst mit einer Aufstellungsüberraschung auf, an Stelle von André Schürrle steht Lukas Podolski in der Startelf, der spielstärkere Miroslav Klose muss seinen Platz an den Dreifach-Torschützen Mario Gomez abtreten, statt Marco Reus läuft Toni Kroos auf. Doch mit diesem Rotations-Matchplan verzockt Löw sich. Durch einen Kopfball von Mario Balotelli (20. Minute) geht Italien mit 1:0 in Führung, und erneut ist es der bullige Stürmer, der in der 36. Minute mit einer »Granate« das 2:0 erzielt. Prompt verleiht der 1,89 Meter große Muskelprotz seinen Triumphgefühlen demonstrativ Ausdruck, der deutsche Mannschaftskapitän Philipp Lahm schaut fassungslos drein (7), und der französische Schiedsrichter zeigt dem Doppel-Torschützen für seine Entblößung des Oberkörpers die Gelbe Karte. Obwohl Bundestrainer Löw nach der Halbzeitpause für Mario Gomez Miroslav Klose und für den glücklosen Lukas Podolski Marco Reus bringt, vermögen die Deutschen das Spiel nicht mehr zu drehen, Mesut Özils Anschlusstreffer in der Nachspielzeit (90. + 2) ist nur noch eine Schönheitskorrektur des Endergebnisses. Deutschland ist raus, Italien steht im Endspiel.

6

7

EUROPAMEISTER DER HERZEN
Beim Finale am 1. Juli in Kiew treffen die beiden letzten Fußball-Weltmeister aufeinander. Spanien fertigt dabei Italien überlegen mit 4:0 ab. Die schönsten Szenen auf dem Spielfeld finden aber erst nach dem Abpfiff statt, als einige spanische Spieler ihre Kinder zum Mitfeiern auf den Rasen holen. Das Foto zeigt die kleine Nora, Tochter von Fernando Torres, der sich ihren Namen auf den rechten Unterarm hat tätowieren lassen, mit dem Pokal.

JUNI 2012

1

2

3

IMPRESSIONEN VON DER EUROPAMEISTERSCHAFT

Zum besten Spieler des Turniers wählt eine Expertenkommission den Spanier Andrés Iniesta, der es in dieser Szene aus der Vorrundenpartie gegen Italien am 10. Juni gleich mit fünf Gegenspielern zu tun bekommt (1). Hätte es auch einen Preis für die schönste Tätowierung gegeben, so wäre Daniel Agger, Kapitän der dänischen Nationalmannschaft bestimmt ein aussichtsreicher Kandidat gewesen (2). Wenig zimperlich geht er allerdings mit seinen Gegenspielern um, wie der niederländische Stürmer Robin van Persie bei der Begegnung vom 9. Juni erfahren muss, die Dänemark mit 0:1 gewinnt (3). Wesentlich netter ist da schon der Niederländer Jetro Willems. Nachdem er am 17. Juni in dem Vorrundenspiel gegen Portugal João Moutinho von den Beinen geholt hat, sorgt er wenigstens dafür, dass sein Gegner weich fällt (4). Die größte Schiedsrichterfehlentscheidung leistet sich der Ungar Viktor Kassai beim Match zwischen England und der Ukraine am 19. Juni. In der 63. Minute rettet der britische Abwehrchef John Terry erst glasklar etwa einen Meter hinter der eigenen Torlinie den Ball (5), doch Kassai und sein Torrichter verweigern dem Treffer der Ukrainer die Anerkennung. Trotz des 2:0-Sieges gegen Irland am 18. Juni in Posen ist zunächst nicht klar, ob das Ergebnis für Italien zum Weiterkommen ins Viertelfinale reichen würde. Erst als wenig später das Parallelspiel zwischen Spanien und Kroatien in Danzig (Endstand 1:0) abgepfiffen wird, dürfen die Azzurri jubeln. Torhüter Gianluigi Buffons neukreierte Freudenpose fällt auf alle Fälle originell aus (6). Putzig auch die Fernseh-Live-Rahmenberichterstattung des ZDF von einer Wasserbühne aus an einem abgesperrten Privatstrand des Ostseebades Heringsdorf nebst eines überdimensionierten Sand-Mainzelmännchens (7).

4

5

6

7

Das Aha-Zitat des Monats

»WO WAR SEEHOFER VOR DER ESM-ABSTIMMUNG? HINTERHER KROKODILSTRÄNEN ZU VERGIESSEN HILFT NICHT. NICHT JEDER BETTVORLEGER WAR VORHER EIN TIGER.«

Der FDP-Euroskeptiker Frank Schäffler (MdB seit 2005) zur Drohung des bayerischen Ministerpräsidenten, die Koalition aufzukündigen, sollten weitere Geldzusagen an die europäischen Krisenstaaten erfolgen

1.6. Die Gläubiger der insolventen Drogeriemarktkette Schlecker beschließen in Berlin deren Abwicklung. Über 13 000 Beschäftigte werden dadurch ihren Arbeitsplatz verlieren.

2.6. Auf dem Parteitag der Linken in Göttingen votieren die Delegierten für die Dresdenerin Katja Kipping (34) und den Schwaben Bernd Riexinger (56) als neue Führungs-Doppelspitze ihrer Partei, nachdem die bisherigen zwei Bundesvorsitzenden, Gesine Lötzsch und Klaus Ernst, nicht mehr kandidierten.

ZU NEUEN PARTEICHEFS DER INTERN IN OST- UND WESTGRUPPIERUNGEN GESPALTENEN LINKEN WERDEN AM 2.JUNI IN GÖTTINGEN KATJA KIPPING (OST) UND BERND RIEXINGER (WEST) GEWÄHLT

3.6. Den Höhepunkt bei den offiziellen Feierlichkeiten zum 60. Thronjubiläum der britischen Königin Elizabeth II. bildet in London eine spektakuläre Schiffsparade auf der Themse.

4. 6. In der Nähe der pakistanischen Stadt Mir Ali in Nordwaziristan, im Grenzgebiet zu Afghanistan gelegen, kommt bei einem amerikanischen Drohnenangriff der weltweit gesuchte Topterrorist Abu Jahja al-Libi ums Leben. Der Libyer war hinter dem Ägypter Aiman al-Sawahiri der zweite Mann an der Spitze des Terrornetzwerkes al-Qaida.

7.6. Ein Bericht des »Spiegels«, demzufolge Bundesentwicklungsminister Dirk Niebel (FDP) einen bei einer Dienstreise in Afghanistan privat für 1400 Dollar erworbenen Teppich beim Zoll nicht deklariert hat, wird von dessen Ministerium bestätigt.

8.6. Beginn der Fußball-Europameisterschaft, die in Polen und der Ukraine ausgetragen wird. Für die mit Titel-Erwartungen angetretene deutsche Nationalmannschaft ist aber bereits im Halbfinale nach einer 1:2 Niederlage am 28. Juni gegen Italien Schluss, das seinerseits im Endspiel am 1. Juli Spanien mit 0:4 unterliegt.

9.6. In Kassel beginnt die hunderttägige Weltkunstausstellung documenta 13 mit Exponaten von Arbeiten zeitgenössischer Künstler aus aller Herren Länder.

12.6. Der SPD-Politiker Torsten Albig wird in Kiel zum neuen Ministerpräsidenten von Schleswig-Holstein gewählt und löst damit Peter Harry Carstensen (CDU) ab. – In Frankfurt stirbt 94-jährig die Psychoanalytikerin Margarete Mitscherlich. Berühmt wurde sie unter anderem durch das zusammen mit ihrem Mann Alexander Mitscherlich verfasste Werk über die deutsche Nachkriegsgesellschaft: »Die Unfähigkeit zu trauern« (1967).

16.6. In Ägypten beginnt die zweitägige Präsidentschaftswahl.

17.6. Bei der zweiten Runde der Wahlen zur französischen Nationalversammlung gewinnen die Sozialisten und mit ihnen assoziierte Abgeordnete mit 314 von 577 Parlamentssitzen die absolute Mehrheit. François Hollande kann nunmehr als erster sozialistischer Staatspräsident mit Mehrheiten in beiden Kammern des Parlaments regieren. – Aus den Parlamentswahlen in Griechenland geht die konservative Nea Dimokratia (ND) mit 29,7 Prozent der Stimmen als knapper Sieger vor dem Bündnis der Radikalen Linken Syriza (26,9 Prozent) hervor, die sozialistische Pasok gewinnt 6,9 Prozent, die Demokratische Linke (Dimar)

6,3 Prozent. Am 20. Juni wird in Athen die neue griechische Regierung mit dem ND-Vorsitzenden Antonis Samaras an der Spitze vereidigt, die aus einer Koalition von Nea Dimokratia, Pasok und Dimar besteht, die zusammen über 179 von insgesamt 300 Parlamentsabgeordneten verfügt.

19.6. Das Bundesverfassungsgericht stärkt mit einem Urteil die Rechte des Deutschen Bundestags dahingehend, dass die Abgeordneten in Zukunft über wichtige europäische Belange frühzeitig und umfassend in Kenntnis gesetzt gehören.

FDP-BUNDESENTWICKLUNGSMINISTER DIRK NIEBEL GERÄT ANFANG JUNI WEGEN SEINES IN AFGHANISTAN PRIVAT GEKAUFTEN »FLIEGENDEN TEPPICHS«, DER VON EINER REGIERUNGSMASCHINE DES BUNDESNACHRICHTENDIENSTES VON KABUL NACH BERLIN UND – AM ZOLL VORBEI – ZU IHM NACH HAUSE GEBRACHT WURDE, IN DIE SCHLAGZEILEN

22.6. Die bestehenden Spannungen zwischen der Türkei und Syrien verschärfen sich durch den Abschuss eines türkischen Kampfflugzeuges vor der syrischen Küste durch die syrische Luftabwehr. Die Maschine war bei einem Aufklärungsflug kurzfristig in den syrischen Luftraum eingedrungen.

27.6. Das ehemalige Vorstandsmitglied der Bayerischen Landesbank, Gerhard Gribkowsky, wird vom Landgericht München wegen Bestechlichkeit und Steuerhinterziehung zu achteinhalb Jahren Haft verurteilt. Der Exbanker hatte zugegeben, von Formel-1-Boss Bernie Ecclestone Schmiergelder in Höhe von 44 Millionen Dollar empfangen zu haben.

ZUM SIEBTEN MAL FINDET AM 16. JUNI IN DER AMERIKANISCHEN STADT IMPERIAL BEACH IM US-BUNDESSTAAT KALIFORNIEN DIE SURF DOG COMPETITION STATT

29.6. Bundestag und Bundesrat stimmen dem europäischen Fiskalpakt wie auch dem Euro-Rettungsschirm ESM mit Zweidrittelmehrheiten zu.

BEI DEM ANGRIFF MIT EINER UNBEMANNTEN DROHNE (FOTO: ARCHIVBILD EINER RQ-1 PREDATOR) TÖTEN DIE USA AM 4. JUNI IM PAKISTANISCHEN GRENZGEBIET ZU AFGHANISTAN DEN TOPTERRORISTEN ABU JAHJA AL-LIBI, IN DER FÜHRUNGSHIERARCHIE DES TERRORNETZWERKES AL-QAIDA DIE NUMMER ZWEI

MELODIE DER BERGE
Beim 11. Alphorn-Festival im schweizerischen Nendaz im Kanton Wallis demonstrieren am 22. Juli mehr als 180 Bläser eindrucksvoll, was sie mit ihren Instrumenten vermögen.

JULI

JULI 2012

BAYREUTHER FESTSPIELE
»Eurokrisen-Sparkanzlerin« Angela Merkel erscheint zur Eröffnung der Wagner-Festspiele am 25. Juli mit einem bereits 2008 getragenen Kleid, wie aus der Bildkombo ihrer Gewänder von 2003 bis 2012 hervorgeht (Foto unten). Etwas zu viel gespart hat sie aber offensichtlich bei ihren nicht ganz zu diesem Auftritt modisch passenden Halbstrümpfen, die sie ansonsten wohl üblicherweise unter ihren Hosenanzügen trägt.

ANTI-ATOMKRAFT-DEMONSTRATION
Mehr als hunderttausend Japaner gehen am 16. Juli auf Tokios Straßen, um nach dem verheerenden Atomunglück von Fukushima im März 2011 gegen eine neuerliche Inbetriebnahme japanischer Atomkraftwerke zu protestieren (Foto links).

NACKTE ANGST
Gegen die Sparbemühungen von Spaniens Premier Mariano Rajoy im Rahmen der Schuldenkrise seines Landes protestieren am 19. Juli in Mieres in der nordspanischen Region Asturien die Männer der Feuerwehr äußerst beeindruckend. »Nach diesen Kürzungen stehen wir splitterfasernackt da« lautet die Botschaft ihres Banners (Foto unten).

JULI 2012

WIE AUS EINEM ACTIONFILM
Ein 18-jähriger Fahranfänger legt am 18. Juli bei Kulmbach in Oberfranken auf der Staatsstraße 2189 eine spektakuläre Punktlandung in einer Holzscheune hin. Der Fahrer blieb dabei so gut wie unverletzt, nur der Holzbau musste anschließend wegen Einsturzgefahr abgerissen werden (Foto oben).

STARKSTROMFACKELN DES HIMMELS
Heftige Unwetter toben Anfang Juli über Deutschland (Foto rechts vom 1. Juli von Annaberg-Buchholz im Erzgebirge). Im nordsächsischen Roitzschjora werden bei einem Heavy-Metal-Festival 51 Besucher durch Blitzeinschläge verletzt.

TOUR DER LEIDEN
Bei der vom 30. Juni bis zum 22. Juli ausgetragenen 99. Frankreich-Rundfahrt der Radprofis über 20 Etappen (plus dem Prolog im belgischen Lüttich) und 3497 Kilometer kommt es diesmal zu einer ungewöhnlich hohen Zahl von (Massen-)Stürzen. So mancher Fahrer reißt sich dabei, wie auf dem Foto links der Niederländer Bauke Mollema, für sein Team im wahrsten Sinne des Wortes den Allerwertesten auf. Gesamtsieger wird der Brite Bradley Wiggins.

FIESTA SAN FERMÍN 2012
Im spanischen Pamplona werden traditionell seit 1591 vom 6. bis zum 14. Juli die Sanfermines gefeiert, in deren Mittelpunkt der Encierro steht, der weltweit bekannte, ebenso gefährliche wie umstrittene Stierlauf durch die Altstadt (Foto unten).

DAS BAYERISCHE KABINETT BESCHLIESST AM 17. JULI GEGEN DEN SEINER MEINUNG NACH UNGERECHTEN LÄNDERFINANZAUSGLEICH, VON DEM BERLIN IN BESONDERS HOHEM MASSE ALS NEHMERLAND PROFITIERT, VOR DEM BUNDESVERFASSUNGSGERICHT ZU KLAGEN

1.7. Bei einem Sturz aus der dritten Etage eines Münchner Klinikums stirbt der einstige Bühnen- und Fernsehstar Margot Werner im Alter von 74 Jahren.

2.7. Nach den gravierenden Pannen des Inlandgeheimdienstes in Zusammenhang mit den Ermittlungen zu den Morden der Terrorgruppe Nationalsozialistischer Untergrund bittet der Präsident des Bundesamtes für Verfassungsschutz, Heinz Fromm (Jg. 1948), um die vorzeitige Versetzung in den Ruhestand.

6.7. Die frühere RAF-Terroristin Verena Becker (59) wird vom Oberlandesgericht Stuttgart wegen Beihilfe zum Mord an Generalbundesanwalt Siegfried Buback und zwei Begleitern im Jahr 1977 in Karlsruhe zu vier Jahren Haft verurteilt. Ungeklärt bleibt aber nach wie vor, wer der eigentliche Täter war, der damals die tödlichen Schüsse abfeuerte.

DIE EINSTIGE PRIMABALLERINA DES BAYERISCHEN STAATSBALLETTS UND IN IHRER ZWEITEN KARRIERE ALS SÄNGERIN (»SO EIN MANN«) NICHT MINDER ERFOLGREICHE ÖSTERREICHERIN MARGOT WERNER STIRBT 74-JÄHRIG IN MÜNCHEN AM 1. JULI

7.7. Aus den ersten Wahlen zur Verfassungsgebenden Versammlung in Libyen geht die liberale Allianz der Nationalen Kräfte als Sieger hervor, die Partei der Muslimbrüder für Gerechtigkeit und Aufbau wird zweitstärkste Kraft, die radikalislamischen Salafisten gewinnen kein einziges Parlamentsmandat.

10.7. Das Bundesverfassungsgericht in Karlsruhe lässt verlauten, im Eilverfahren zur Prüfung der Verfassungsmäßigkeit des Euro-Rettungsschirms wie des europäischen Fiskalpaktes mit dem Grundgesetz mehr als den ansonsten üblichen Wochen-Zeitrahmen zu benötigen. – Das Bezirksgericht in Jerusalem befindet den ehemaligen israelischen Ministerpräsidenten Ehud Olmert der Korruption für schuldig.

12.7. Bei einem Massaker in Syrien in Tremseh (Provinz Hama) sollen, nach nicht verifizierbaren Angaben, nach einer Bombardierung des Dorfes Milizen des Assad-Regimes bis zu 250 Überlebende getötet haben, darunter viele Frauen und Kinder. – Der Vorstandschef des defizitären Automobilherstellers Opel, Karl-Friedrich Stracke, tritt zurück. Seitens der Mitarbeiter der amerikanischen General-Motors-Tochter wächst die Angst vor Werksschließungen.

17.7. Der Freistaat Bayern beschließt eine Klage vor dem Bundesverfassungsgericht gegen das Transfersystem des Länderfinanzausgleiches.

18.7. Ein Attentäter aus Kreisen der syrischen Rebellen-Armee FSA tötet bei einem Selbstmordanschlag in Damaskus im Inneren des Gebäudes des nationalen Sicherheitsrates unter anderem

VON EINEM TOLLDREISTEN BUBENSTÜCK BERICHTET AM 13. JULI DIE TSCHECHISCHE POLIZEI. IN DER NORDBÖHMISCHEN KLEINSTADT RUMBURK WAR ES EINEM SCHERZKEKS IN EINEM LEBENSMITTELLADEN TATSÄCHLICH GELUNGEN, DIESEN 1000-EROS-SCHEIN GEGEN 24 000 TSCHECHISCHE KRONEN EINZUTAUSCHEN

Das Aha-Zitat des Monats

»ICH HABE DIE TOUR NOCH NICHT GEWONNEN. DIE OPER IST NICHT VORBEI, SOLANGE DIE DICKE FRAU NOCH SINGT.«

Der britische Radprofi Bradley Wiggins, Träger des Gelben Trikots des Gesamtführenden bei der Tour de France, am 9. Juli nach der neunten von 20 Etappen

den Verteidigungsminister sowie einen Schwager des Machthabers Baschar al-Assad, der das Amt des stellvertretenden Kommandeurs der Streitkräfte innehat. – Am Flughafen der bulgarischen Schwarzmeerstadt Burgas zündet ein Selbstmordattentäter in einem mit israelischen Touristen besetzten Bus einen Sprengstoffsatz. Acht Menschen kommen dabei um, 32 werden teilweise schwer verletzt. Israels Verteidigungsminister Ehud Barak geht davon aus, dass dieses Blutbad auf das Konto der vom Iran geförderten radikalislamischen Hisbollah geht.

19.7. Mit den Stimmen von CDU/CSU, FDP, SPD und Grünen billigt der Bundestag in Berlin die europäische 100-Euro-Milliardenhilfe für Spaniens siechende Banken, wobei Deutschland für fast 30 Milliarden der Summe haftet. Mit einer ebenfalls breiten Mehrheit sprechen sich die Abgeordneten in einer »symbolischen« Entschließung für die rechtliche Zulassung einer religiös-rituell motivierten Beschneidung von Jungen aus. Richter am Landgericht Köln hatten zuvor im Juni in einem aufsehenerregenden Urteil entschieden, dass eine derartige Beschneidung eine rechtswidrige Körperverletzung darstelle.

20.7. Im Leibniz-Rechenzentrum in Garching bei München geht der »SuperMUC« in Betrieb. Europas bislang schnellster Großcomputer vermag pro Sekunde drei Billiarden Rechenschritte (3 000 000 000 000 000) zu absolvieren.

22.7. Bei der 99. Austragung der Tour de France gewinnt mit Bradley Wiggins erstmals ein Brite die Frankreich-Rundfahrt der Radprofis.

25.7. Die im September 2011 im Bundestag lediglich mit den Stimmen der Abgeordneten der schwarz-gelben Koalition und ohne Zustimmung der drei Oppositionsparteien SPD, Grüne und Linke verabschiedete Wahlrechtsreform ist verfassungswidrig und unwirksam. Von den Richtern des Bundesverfassungsgerichtes wurden speziell die Regelungen zu den sogenannten Überhangmandaten als Verletzung der Verhältnismäßigkeit beanstandet.

27.7. König Elizabeth II. eröffnet in London offiziell die XXX. Olympischen Spiele.

31.7. Bundesinnenminister Hans-Peter Friedrich (CSU) versetzt ohne Angabe von konkreten Gründen den Präsidenten an der Spitze der Bundespolizei, Matthias Seeger (57), in den einstweiligen Ruhestand; auch dessen zwei Stellvertreter werden ihrer Ämter enthoben.

DER RUSSISCHE OPERNSÄNGER EVGENY NIKITIN (JAHRGANG 1973), DER BEI DER ERÖFFNUNG DER BAYREUTHER FESTSPIELE AM 25. JULI DIE TITELPARTIE IM »FLIEGENDEN HOLLÄNDER« SINGEN SOLLTE, SAGT VIER TAGE VORHER SEINEN AUFTRITT WEGEN SEINER IN DIE KRITIK GERATENEN NAZI-TATTOOS AB. DER SCREENSHOT DES FERNSEHSENDERS »KANAL KULTURA« ZEIGT IHN IN JUNGEN JAHREN ALS SCHLAGZEUGER EINER METAL-BAND MIT EINER TÄTOWIERUNG OBERHALB DER BRUST, DIE LEICHT ALS HAKENKREUZ ZU IDENTIFIZIEREN IST

OLYMPIA 2012

Nach sechzehn Wettkampftagen, die auf die feierliche Eröffnung am 27. Juli (kleines Foto oben) folgten, endeten die XXX. Olympischen Sommerspiele in London am 12. August mit einer grandiosen dreistündigen Schlussveranstaltung im Olympiastadion, bei der Superstars wie Madness, George Michael, Fatboy Slim oder die Spice Girls auftraten, bevor kurz vor Mitternacht die Olympische Flamme erlosch und ein bombastisches Feuerwerk das Stadion in ein pulsierendes Lichtermeer verwandelte.

AUGUST

AUGUST 2012

IM ZEICHEN DER FÜNF OLYMPISCHEN RINGE

Zu den XXX. Olympischen Sommerspielen, die vom 27. Juli bis 12. August in 26 Sportarten und 39 Disziplinen in London ausgetragen werden, entsenden 204 Nationale Olympische Komitees rund 10 500 Athleten, wobei Deutschland mit 392 Teilnehmern vertreten ist, die bei der Jagd nach Medaillen insgesamt 44 Mal erfolgreich sind. Die Rolle des absoluten Megastars bei diesem größten Sportereignis des Jahres übernimmt der jamaikanische Sprinter und Großmeister der Selbstdarstellung Usain Bolt (Foto 1). Das Finale über 100 m gewinnt er (Foto 2, 3. v. l.) elegant und locker (Foto 3) in der neuen Olympischen Rekordzeit von 9,63 Sek. Vier Tage später lässt er sich am 9. August auch den Sieg über die 200-Meter-Strecke nicht nehmen und küsst danach vor Begeisterung die Laufbahn (Foto 4). Seine dritte Goldmedaille holt er

1

2

3

4

5

6

7

sich am 11.8. zusammen mit der jamaikanischen 4-x-100-Meter-Staffel, die er als Schlussläufer mit der neuen Weltrekordzeit von 36,84 Sek. jubelnd ins Ziel führt (Foto 5). Zum Publikumsliebling der Briten avanciert der Langstreckler Mo Farah (Foto 6), der zuerst die 10 000 m gewinnt und danach sieben Tage später auch über die 5000 m nicht zu schlagen ist. Patriotische Begeisterung wird während der Spiele in Großbritannien ohnehin großgeschrieben. Straßenradsport-Idol Bradley Wiggins, Olympiasieger im Zeitfahren, lässt sich von den Fotografen als eine Art König im Königreich ablichten (Foto 7), und was ein wahrer Fan ist, der legt seinen nationalen Stolz auch an einem stillen Örtchen des Olympiastadions nicht ab (Foto 8). Dezent zurückhaltender präsentierten sich da schon als Goldmedaillengewinner die Ruderer des Deutschland-Achters mit ihren »Bundesadler-Söckchen« (Foto 9).

8

9

10

11

Für eine aus deutscher Sicht erfreuliche Überraschung sorgt das Beachvolleyball-Duo Julius Brink / Jonas Reckermann (Foto 10), das im Finale die an sich favorisierten Brasilianer schlägt. Nicht ganz so überraschend der Sieg des deutschen Diskus-Hünen Robert Harting, wohl aber dessen bislang ungeahnte Qualitäten als Hürdenläufer im Verlauf seiner Ehrenrunde im Stadion (Foto 11).
Zu den Besonderheiten der Olympischen Spiele gehört auch, dass sogenannte Randsportarten zumindest kurzfristig aus ihrem sonstigen Schattendasein ins Rampenlicht der Öffentlichkeit rücken. Bei den Frauen, bei denen die marokkanische Taekwondo-Kämpferin Sanaa Atabrour mit Kopftuch und Schutzhelm zu ihren Kämpfen antritt (Foto 12), ging es nicht gerade zimperlich zu. Im Box-Finale des Mittelgewichts (bis 75 kg), das die Amerikanerin Claressa Shields (roter Handschuh)

12

gewinnt, bekommt dies die Russin Nadezda Torlopova schmerzhaft zu spüren (Foto 13). Als eine der härtesten Sportarten gilt nicht zu Unrecht Wasserball, wie dieses Duell zwischen der Chinesin Huizi Sun (Foto 14, l.) und der Spanierin Maica Garcia beweist. Zupackend ebenfalls die Ringerinnen, wie hier die Japanerin Saori Yoshida (in Blau) bei ihrem Kampf mit der Kanadierin Tonya Lynn Verbeek (Foto 15).

13

14

15

AUGUST 2012

16

Auch gegensätzliche Kontraste prägen die Bilder dieser Spiele – auf der einen Seite voluminöse Kraft, wie bei der amerikanischen Gewichtheberin Holley Mangold (Foto 16), auf der anderen Seite die anmutige Eleganz der spanischen Synchronschwimmerinnen (Foto 17).
Zur Schau gestellt werden in London auch modisch gewordene Tätowierungen – oder manchmal eben auch nicht. Die russische Volleyballerin Svetlana Kryuchkova läuft selbstbewusst mit ihrem Leoparden auf (Foto 18), während der deutsche Silbermedaillenge-

18

17

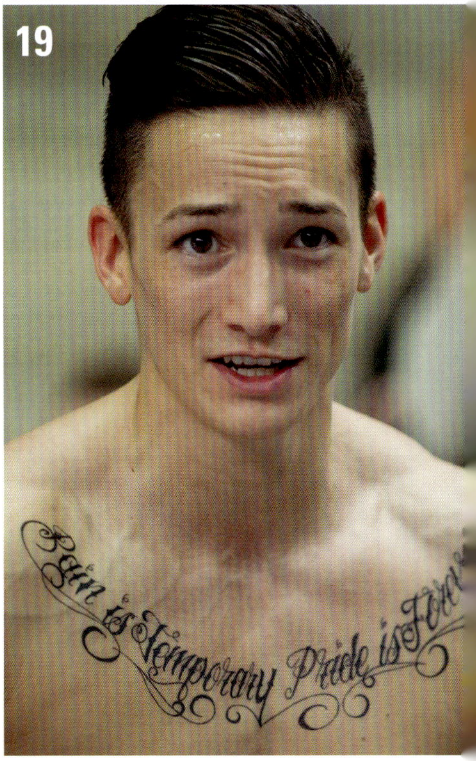
19

20

21

22

winner am Barren, Marcel Nguyen, bei seinen Turnauftritten seinen Brustzierden-Spruch (sinngemäß frei übersetzt: Schmerz vergeht, Stolz bleibt; Foto 19) mit Schminke abdeckte. Der ukrainische Boxer Denys Berinchyk, Silbermedaillengewinner im Halbweltergewicht (bis 64 kg), verblüfft hingegen nicht nur mit seiner Schlagkraft, sondern zusätzlich auch mit seiner Haartracht (Foto 20). Glück und Pech sind traditionell »treue« Begleiter von Sportlern. Glück im Unglück hat der deutsche Gewichtheber Matthias Steiner, als er in seiner 105-Kilogramm-Klasse-+ die Hantel nicht zu halten vermag und diese ihm in den Nacken fällt (Foto 21). Er kam bei diesem Missgeschick ebenso relativ glimpflich davon wie der südkoreanische Moderne Fünfkämpfer Woojin Hwang und sein Pferd Oscar Shearwater bei diesem schrecklichen Sturz am 11. August im Greenwich Park in London (Foto 22).

Zu den rundum Glücklichen zählen aber auf alle Fälle die 44 deutschen Olympia-Medaillengewinner, die sämtlich die nachfolgende Doppelseite zeigt.

DIE DEUTSCHEN MEDAILLENGEWINNER Das Foto in der Mitte zeigt die Grenadier Guards vor dem Logo der Olympischen Spiele in London, umringt von den deutschen Medaillengewinnern bei Olympia 2012. Die obersten zwei Reihen zeigen die Goldmedaillengewinner. Zu sehen in der 1. Reihe l-r: Der Ruder-Doppelvierer, der Ruder-Achter, die Mannschaft der Vielseitigkeitsreiter und Vielseitigkeitsreiter Michael Jung. 2. Reihe von oben (l-r): Die Kajak-Zweier Franziska Weber und Tina Dietze, Beachvolleyballer Julius Brink und Jonas Reckermann, die Hockey Herren, Diskuswerfer Robert Harting, Sebastian Brendel im Canadier-Einer und der Canadier-Zweier Peter Kretschmer und Kurt Kuschela. Die Silbermedaillengewinner, zu sehen in den zwei Mittelblöcken (im linken Mittelblock von oben nach unten): Der Straßen-Einzelzeitfahrer Tony Martin, Thomas Lurz Schwimmer auf 10 km Freiwasser, Britta Heidemann im Degen-Einzel, Marcel Nguyen am Barren, Turner Marcel Nguyen im Mehrkampf, Maximilian Levy im Bahn Keirin, Ole

Bischof im Judo und Christina Obergföll im Speerwurf. Im rechten Mittelblock von oben nach unten: Die Dressur-Mannschaft, Kerstin Thiele im Judo, Lilli Schwarzkopf im Siebenkampf, Turner Fabian Hambüchen am Reck, Kugelstoßer David Storl, Mountainbikerin Sabine Spitz, die Mannschaft des Kajak-Vierer, Sideris Tasiadis im Canadier-Einer, Judith Arndt im Straßen-Einzelzeitfahren, die Damenmannschaft der Ruder-Doppelvierer, Björn Otto im Stabhochsprung und Bronzegewinner Raphael Holzdeppe(r). In der letzten Zeile die Bronzegewinner (l-r): Betty Heidler im Hammerwurf, der Kanuzweier Peter Kretschmer (l) und Kurt Kuschela (oben), die Florett-Mannschaft, Andreas Tölzer im Judo, Max Hoff im Kajak-Einer, die Tischtennis-Herren-Mannschaft (oben), Vielseitigkeitsreiterin Sandra Auffarth, Hannes Aigner im Kajak-Einer, Linda Stahl im Speerwurf, Dimitrij Ovtcharov im Tischtennis-Einzel, Dimitri Peters im Judo, die Mannschaft des Bahn-Teamsprints und Helena Fromm im Taekwondo.

AUGUST 2012

DÜRRE-DESASTER IN DEN USA
Lang anhaltende extreme Hitze und ausbleibende Niederschläge führen vor allem im amerikanischen Mittelwesten dazu, dass den Farmern die Frucht auf den Feldern förmlich verdorrt (Foto linke Seite oben vom 16. August aus Wichita). Die seit Wochen währende Trockenperiode ist zudem in mehreren Bundesstaaten mit Schuld an verheerenden Waldbränden, die auch mit Löschflugzeugen und Helikoptern (Foto rechts) bekämpft werden. Das Foto linke Seite unten zeigt eine Rollstuhlfahrerin, ebenfalls am 16. August, vor der Brandruine ihres Hauses, wie sie fassungslos auf die verbrannten Hügel vor ihrem Anwesen schaut. Nur wenige Minuten bevor das Flammenmeer ihr Grundstück erreichte, hatte sie eben noch rechtzeitig samt ihrer Familie von der Feuerwehr evakuiert werden können.

WALDBRÄNDE AUCH IN EUROPA
Der regenarme Sommermonat mit seinen hohen Temperaturen führt sowohl in Portugal wie auch Griechenland zu einer Reihe von großflächigen Waldbränden. Das Foto unten wurde am 18. August auf der griechischen Insel Chios am Strand von Lithi aufgenommen.

AUGUST 2012

VERHEERENDER MONSUNREGEN Wochenlang öffnet der Himmel über den Philippinen seine Pforten und löst besonders in den nördlichen Landesteilen katastrophale Überschwemmungen aus, von denen nahezu zwei Millionen Menschen betroffen werden. In Marikina City bleibt einem Mann bei seiner Flucht vor den Fluten nur das Dach eines Buswartehäuschens als Rettungsinsel (Foto links); für die Bewohner überschwemmter Dörfer richten die Behörden in Sporthallen, wie hier in Muntinlupa City, südlich von Manila, Notunterkünfte ein (Foto unten).

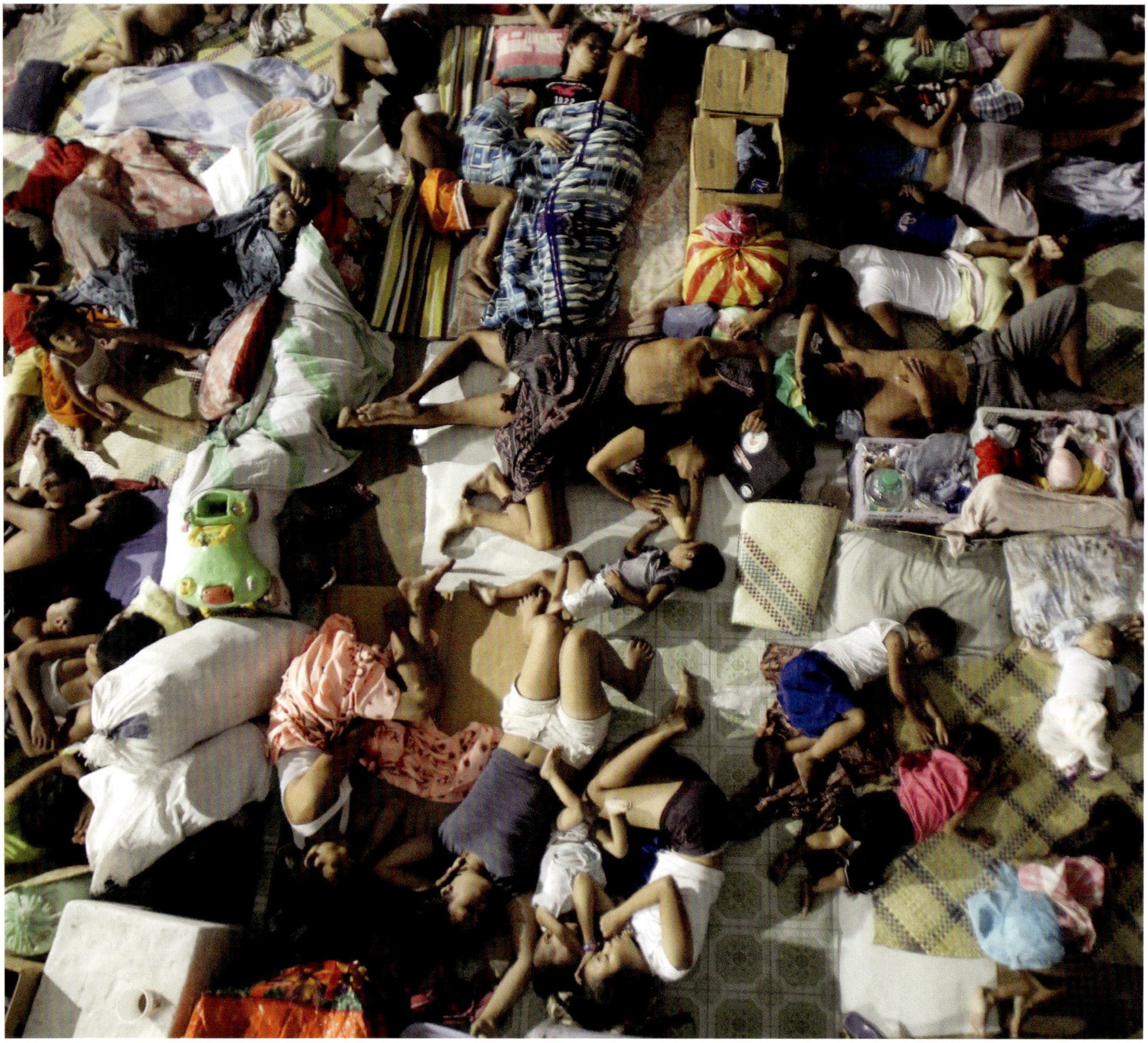

ENDE DES RAMADAN
Zu Ende des heiligen islamischen Fastenmonats beten am 20. August in der Nationalmoschee von Dhaka, der Hauptstadt Bangladeschs, Hunderte von Gläubigen anlässlich des Eid al-Fitr, dem Fest des Fastenbrechens.

AUGUST 2012

NOTTING HILL CARNIVAL 2012
Alljährlich am letzten Augustwochenende findet in London dieses mutmaßlich größte aller europäischen Straßenfeste mit anderthalb Millionen mitfeiernden Zuschauern statt, ein farbenfrohes Spektakel, das vornehmlich von afrikanischen und karibischen Einwanderern gestaltet wird (Foto links oben und links unten).

SCHWERGEWICHTS-GALOPP
Beim traditionellen Ochsenrennen im bayerischen Münsing am 26. August haben nicht nur die strammen einheimischen Cowboys bei ihren wilden sattellosen Ritten eine Mordsgaudi, sondern natürlich auch die Zuschauer (Foto rechts unten).

BAUBOOM
In der chinesischen Stadt Chongqing kommt es am 30. August zu einer riesigen Wolkenkratzersprengung, um Platz für noch größere und höhere Bauten zu schaffen (Foto oben).

DEUTSCH-CHINESISCHER GIPFEL
Eher als eine Art Abschiedsbesuch beim aus dem Amt scheidenden Präsidenten Wen Jiabao werten Polit-Kommentatoren die zweitägige Chinareise von Bundeskanzlerin Angela Merkel. Den deutschen Wirtschaftsführern in ihrem Begleittross gelingt es, eine Reihe lukrativer Aufträge für ihre Firmen an Land zu ziehen. Sie selbst hält am 31. August anlässlich der Auslieferung des hundertsten Airbus A 320 im Montagewerk in Tianjin eine der Festansprachen (Foto links).

Das Aha-Zitat des Monats

»WIR SICHTEN VIELLEICHT MEHR KARPFEN ALS DELPHINE IN RICHTUNG WELTSPITZE.«

Lutz Buschkow, Leistungssportdirektor beim Deutschen Schwimm-Verband, in London zum medaillenlosen Abschneiden der deutschen Hallenschwimmer bei den Olympischen Spielen

1.8. Die griechischen Regierungsparteien des von der Staatspleite bedrohten Landes verständigen sich in Athen auf ein weiteres Sparprogramm in der Größenordnung von elfeinhalb Milliarden Euro, um den Auflagen der internationalen Geldgeber zu entsprechen und dadurch weitere Milliardenbeträge an Hilfsgeldern zu erhalten.

2.8. Die Europäische Zentralbank plant, wie Präsident Mario Draghi verlautbart, weitere Staatsanleihen in Milliardenhöhe zur Unterstützung der europäischen Krisenstaaten unter bestimmten Auflagen (Reformvorgaben) aufzukaufen. Die Deutsche Bundesbank hatte sich zuvor aber dagegen ausgesprochen. – Der seit 23. Februar amtierende Syrien-Sondergesandte der Vereinten Nationen und der Arabischen Liga, Kofi Annan, gibt auf, nachdem seinen Bemühungen um eine friedliche Lösung des Bürgerkriegs keinerlei Erfolg beschieden war. Zu seinem Nachfolger wird am 16. August der ehemalige algerische Außenminister Lakhdar Brahimi vom UN-Sicherheitsrat ernannt.

DER AM 26. NOVEMBER 2011 GESTARTETE NASA-ROBOTER »CURIOSITY« LANDET AM 6. AUGUST AUF DEM MARS. VON DORT AUS ÜBERMITTELT ER SEITDEM SENSATIONELLE FOTOS UND DATEN AN DIE ERDE

5.8. Der bayerische CSU-Finanzminister Markus Söder plädiert für ein Ausscheiden Griechenlands aus der Euro-Zone mit der Begründung, »die Deutschen können nicht länger der Zahlmeister für Griechenland sein«. – Bei einem Amoklauf feuert ein amerikanischer Neonazi wahllos in einem Sikh-Tempel in Oak Creek (Wisconsin) auf die Gläubigen, tötet sieben Personen und verletzt drei weitere, bevor er sich selbst erschießt.

6.8. Geglückte Landung des NASA-Rovers »Curiosity« auf dem Mars, dessen wissenschaftliche Mission darin besteht, auf dem Roten Planeten nach eventuellen Spuren von Leben zu suchen.

NACH ERFOLGLOSEN ENTSCHÄRFUNGSVERSUCHEN MUSS MITTEN IN MÜNCHEN AM 28. AUGUST GEGEN 22 UHR EIN FLIEGERBOMBERFUND AUS DEM ZWEITEN WELTKRIEG KONTROLLIERT GESPRENGT WERDEN

7.8. Nach mehreren Angriffen mutmaßlich islamistischer Palästinenser auf dem Sinai auf ägyptische Posten an den Checkpoints zum Gaza-Streifen, bei denen 16 Grenzschützer getötet wurden, geht die ägyptische Armee mit Kampfhubschraubern gegen die Terroristen vor, wobei zwanzig der militanten Religionsfanatiker getötet worden sein sollen.

9.8. In Libyen übergibt der Nationale Übergangsrat formal die Macht an das im Vormonat demokratisch gewählte Parlament. Der ehemalige und pro-islamisch eingestellte ehemalige Gegner des Diktators al-Gaddafi, Mohammed al-Magarief, wird Präsident des Nationalkongresses.

MIT »SAN FRANCISCO« (»BE SURE TO WEAR SOME FLOWERS IN YOUR HAIR«) SCHRIEB SCOTT MCKENZIE 1967 DIE HYMNE DER FLOWER-POWERBEWEGUNG. DER AMERIKANISCHE FOLKSÄNGER (HIER EINE AUFNAHME VON SEINEM AUFTRITT IN BREMEN 2004) STIRBT AM 18. AUGUST 73-JÄHRIG IN LOS ANGELES

11.8. Der republikanische Herausforderer von Barack Obama bei den amerikanischen Präsidentschaftswahlen am 6. November, der Multimillionär Mitt Romney, benennt den erzkonservativen Finanz- und Wirtschaftspolitiker Paul Ryan (42), der für Kürzungen von Sozialleistungen eintritt, als seinen potentiellen Vizepräsidenten.

12.8. Der ägyptische Präsident Mohammed Mursi hebt die vom Obersten Militärrat erlassenen Verfassungszusätze, die eine Einschränkung der Befugnisse des Staatsoberhaupts bedeuteten, auf und verabschiedet den Oberbefehlshaber der Streitkräfte sowie den Generalstabschef in den Ruhestand.

17.8. Die gerichtliche Verurteilung von drei Punkerinnen der russischen Band »Pussy Riot« zu jeweils zwei Jahren Straflager wegen ihres Protestes gegen Wladimir Putin in einer Moskauer Kirche führt zu weltweiter Kritik an diesem »politischen« Schuldspruch.

18.8. Der amerikanische Sänger und Gitarrist Scott McKenzie, stirbt 73-jährig in Los Angeles. Mit seinem legendären Song »San Francisco« (1967) landete er einen Welterfolg und schrieb Popgeschichte.

21.8. In den Kabinetten der Bundeskanzler Kurt Georg Kiesinger, Willy Brandt und Helmut Schmidt fungierte er von 1966 bis 1978 als Verkehrs-, Post- und Verteidigungsminister: Georg Leber. Mit 91 Jahren verstirbt der in Hessen gebürtige SPD-Politiker in Bayern in Schönau am Königssee.

25.8. Im US-Bundesstaat Ohio stirbt der amerikanische Astronaut Neil Armstrong 82-jährig, der am 21. Juli 1969 als Leiter der »Apollo-11«-Mission als erster Mensch die Oberfläche des Mondes mit den berühmt gewordenen Worten betritt: »Dies ist ein kleiner Schritt für einen Menschen, aber ein riesiger Sprung für die Menschheit«.

28.8. Eine 250-Kilogramm-Fliegerbombe aus dem Zweiten Weltkrieg muss mitten im Münchener Stadtteil Schwabing kontrolliert gesprengt werden, nachdem eine Entschärfung des Zünders an Ort und Stelle technisch nicht möglich war. Zuvor hatten 2500 Menschen in einem Umkreis von 300 Metern um den Fundort ihre Wohnungen räumen müssen.

29.8. In London beginnen die bis zum 9. September dauernden XIV. Paralympischen Sommerspiele, an denen 4452 behinderte Sportler aus 164 Ländern – 161 davon aus Deutschland – teilnehmen.

AUF GRUND IHRES ANGEBLICHEN SPONTANAUFTRITTS MIT EINEM SOGENANNTEN »PUNK-GEBET« GEGEN KREML-CHEF WLADIMIR PUTIN VOR DEM ALTAR IN DER RUSSISCH-ORTHODOXEN CHRIST-ERLÖSER-KATHEDRALE IN MOSKAU IM FEBRUAR WERDEN DREI MITGLIEDER DER FEMINISTISCHEN PUNKROCKBAND »PUSSY RIOT« AM 17. AUGUST VON EINEM GERICHT WEGEN ROWDYTUMS AUS RELIGIÖSEM HASS ZU JEWEILS ZWEIJÄHRIGEN HAFTSTRAFEN VERURTEILT

SEPTEMBER

NERVENKITZEL FÜR ADRENALIN-JUNKIES
Ende September treffen sich in Malaysia rund hundert tollkühne Base-Jumper aus 18 Ländern zum sportlichen Höhepunkt der Szene, dem zum zwölften Mal ausgetragenen »KL International BASE Jump«, um sich von dem 421 Meter hohen Fernsehturm in Kuala Lumpur in die Tiefe zu stürzen und für Sekunden den besonderen Kick des freien Falls zu genießen. Keinerlei Anflug von Angst zeigt dabei die Österreicherin Maria Steinmayr bei ihrem Sprung am 27. September.

SEPTEMBER 2012

WUT UND EMPÖRUNG
Ungeachtet der teilweise auch gewalttätigen Proteste, die ein amerikanischer Verunglimpfungsfilm über den Propheten in vielen muslimischen Ländern entfacht hat, druckt das französische Satireblatt »Charlie Hebdo« am 19. September neue Mohammed-Karikaturen ab. In Ost-Jerusalem gehen deswegen junge Palästinenser mit Plakaten auf die »Barrikaden«, um diese beiden Publikationen zu brandmarken (Foto oben).

MACHTVOLLE DEMONSTRATION FÜR EINEN MACHTWECHSEL
Vier Tage vor den Parlamentswahlen in Georgien versammeln sich am 27. September in der Hauptstadt Tiflis an die 200 000 Menschen auf den Straßen, um die aus sechs Parteien bestehende Bewegung Georgischer Traum zu unterstützen, an deren Spitze der Milliardär Bidsina Iwanischwili steht und die den seit der »Rosenrevolution« von 2004 amtierenden Präsidenten Micheil Saakaschwili ablösen möchte (Foto rechts).

HÜNENGRAB

Auf einem Tieflader wird am 19. September ein an der südphilippinischen Küste tot gestrandeter Pottwal, das größte Raubtier auf unserem Planeten, zu seiner Beerdigung im Zamboanga State College of Marine Science and Technology gebracht (Foto links).

EIN HERZ FÜR DIE ARKTIS

Die Besatzung des Eisbrechers »MY Arctic Sunrise« der Greenpeace-Flotte legt am 19. September auf einer Eisscholle symbolisch die 193 Flaggen der Mitgliedsstaaten der Vereinten Nationen aus, um mit dieser Aktion an deren aller Verantwortung für die Erhaltung dieser einzigartigen, vom Klimawandel jedoch schwer gefährdeten Region zu appellieren (Foto unten).

SEPTEMBER 2012

»SCHWEIZ TOTAL«
Unter diesem Motto findet von September bis Anfang November die weltgrößte Kürbisausstellung im Blühenden Barock in Ludwigsburg (Baden-Württemberg) statt (Foto unten Mitte).

BLÜHENDE GIGANTOMANIE
Am Vorabend des chinesischen Nationalfeiertags zur Gründung der sozialistischen Volksrepublik China durch Mao Tse-Tung 1949 strahlt bereits am 30. September hell erleuchtet dieses riesige Blumenarrangement auf dem Tiananmen-Platz in Peking (Foto unten).

MÄRCHENHOCHZEIT WIE AUS 1001 NACHT
Im Rahmen der viertägigen Feierlichkeiten zur Prunk-Hochzeit der jüngsten Tochter des Sultans von Brunei, eines der reichsten Menschen auf Erden, wird am 23. September das Brautpaar dem Hofstaat und 3000 geladenen Gästen im Thronsaal des gigantischen, 1700 Räume umfassenden Nurul-Iman-Palastes in Bandar Seri Begawan vorgestellt (Foto rechts).

SEPTEMBER 2012

DER ALLERLETZTE FLUG
Nach 25 Weltraummissionen zwischen 1992 und Mai 2011 reist die »Endeavour«, die letzte der verbliebenen vier amerikanischen Raumfähren, am 21. September per Huckepack auf einem Jumbojet gen Los Angeles, nachdem die NASA ihr Shuttle-Programm eingestellt hat, um dort im California Science Center als Museumsstück den Ruhestand anzutreten (Foto oben).

UMGEKNICKT
Am 29. September reißt die Gewalt eines Wirbelsturms im spanischen Gandia, südlich von Valencia gelegen, auf einem Jahrmarkt ein Riesenrad um, 35 Menschen werden dabei verletzt (Foto rechts).

DDR-WIRKLICHKEIT
Eine am 23. September in einem neuen kreisrunden Bau am Berliner Checkpoint Charlie eröffnete Ausstellung eines neunhundert Quadratmeter großen Panoramas des in Wien geborenen Künstlers Yadegar Asisi zeigt das geteilte Berlin an einem fiktiven Herbsttag in den 80er Jahren.

DER MOUNT MANASLU IM HIMALAYA, AN DEM AM 23. SEPTEMBER MINDESTENS ZWÖLF BERGSTEIGER BEI EINEM LAWINENUNGLÜCK UMKOMMEN, DARUNTER EIN DEUTSCHER, IST MIT 8163 METERN DER ACHTHÖCHSTE BERG DER ERDE

SLUM IN SIERRA LEONES HAUPSTADT FREETOWN. IN DEM WESTAFRIKANISCHEN LAND WÜTET EINE CHOLERAEPIDEMIE, DIE REGIERUNG RUFT AM 3. SEPTEMBER DEN NOTSTAND AUS

DIE UNBEWOHNTEN SENKAKU-INSELN IM OSTCHINESISCHEN MEER, DIE SOWOHL JAPAN ALS AUCH CHINA UND TAIWAN JEWEILS FÜR SICH TERRITORIAL BEANSPRUCHEN, WEIL DORT GROSSE GAS- UND ÖLVORKOMMEN VERMUTET WERDEN

3.9. Nach Zigtausenden von Choleraerkrankungen auf Grund mangelnder hygienischer Voraussetzungen und Hunderten von Toten ruft die Regierung von Sierra Leone, einem der ärmsten Länder der Welt, den Notstand aus.

4.9. Auf Grund der unvermindert fortgeführten Kämpfe in Syrien sind nach UN-Angaben binnen eines Monats mehr als 100 000 Menschen aus dem Bürgerkriegsland in angrenzende Nachbarstaaten geflohen.

7.9. Die Eröffnung des neuen Flughafens Berlin Brandenburg muss zum dritten Mal und nochmals um weitere sieben Monate wegen Baumängel verschoben werden. Der Flughafen-Aufsichtsrat benennt als Termin nunmehr den 27. Oktober 2013.

8.9. An die 40 000 Kurden aus ganz Europa treffen sich zu einem Kulturfest in Mannheim, in dessen Verlauf es zu schweren Ausschreitungen kommt, bei denen 80 Polizisten verletzt werden.

10.9. In Tokio beschließt die Regierung, drei der Senkaku-Inseln von einem japanischen Privatbesitzer für umgerechnet etwa 20 Millionen Euro zu erwerben, und löst damit einen zunehmend heftiger werdenden politischen Streit mit China aus, das ebenfalls diese wirtschaftsstrategisch wichtigen Eilande (reiche Fischgründe, vermutete Gas- und Ölvorkommen) für sich beansprucht.

BUNDESKANZLERIN ANGELA MERKEL WIRD AM 27. SEPTEMBER VOM GORLEBEN-UNTERSUCHUNGSAUSSCHUSS DES DEUTSCHEN BUNDESTAGS BEFRAGT, OB SIE IN IHRER ZEIT ALS BUNDESUMWELTMINISTERIN (1994-1998) EINE PRÜFUNG VON ALTERNATIVEN FÜR EIN ANDERES ATOMMÜLL-ENDLAGER VERHINDERT HAT

11.9. Gewalttätige Demonstranten greifen in Libyen

Das Aha-Zitat des Monats

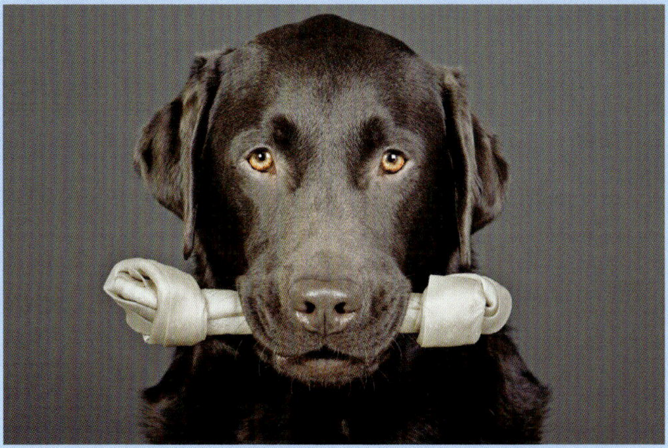

»STEINBRÜCK SCHLIESST NICHT AUS, DASS ER HUNDEFUTTER ISST.«

Die bissige Reaktion des SPD-Kanzlerkandidaten Peer Steinbrück auf nervige Fragen von Journalisten

das US-Konsulat in Bengasi an, wobei der amerikanische Botschafter und drei seiner Landsleute umkommen. Diese Racheaktion ist einer der vielen Proteste in der arabischen Welt gegen einen in den USA produzierten Schmähfilm über den Propheten Mohammed. – In Berlin beginnt die bis zum 16. September dauernde Internationale Luft- und Raumfahrtausstellung ILA 2012.

12.9. Das Bundesverfassungsgericht in Karlsruhe erachtet den Vertrag zur Errichtung des Europäischen Stabilitätsmechanismus (ESM) für zulässig, unter der Bedingung, dass die benannte deutsche Haftungsgrenze von 190 Milliarden nicht ohne Zustimmung des Bundestags überschritten werden darf.

14.9. Anderthalb Jahre nach der Atomkatastrophe von Fukushima fasst das Kabinett von Ministerpräsident Yoshihiko Noda in Tokio den Beschluss eines schrittweisen Ausstiegs Japans aus der Nuklearenergie bis zum Jahr 2040. – Die Attacken islamistischer Fanatiker gegen westliche Einrichtungen wegen des amerikanischen Verunglimpfungs-Videos des Propheten setzen sich fort. Im Sudan greifen in der Hauptstadt Khartum aufgebrachte Demonstranten die deutsche Botschaft an und stecken sie in Brand; Botschaftsangehörige befanden sich zu dem Zeitpunkt keine mehr in dem Gebäude. Auch die britische Botschaft wird gestürmt. Beim Angriff auf die amerikanische Botschaft in Tunesien werden in Tunis drei Menschen getötet und 28 verletzt.

17.9. Der republikanische Präsidentschaftskandidat Mitt Romney, der gegen den demokratischen Amtsinhaber Barack Obama bei den US-Wahlen am 6. November antritt, bezeichnet dessen bisherige Wähler zu 47 Prozent als Abzocker staatlicher Hilfen und löst damit in Amerika einen Sturm der Empörung aus.

20.9. In seiner Heimatstadt Bozen (Südtirol) stirbt 78-jährig der Schriftsteller Herbert Rosendorfer, der lange in München lebte und zu dessen bekanntesten Werken der Roman »Briefe in die chinesische Vergangenheit« gehört.

21.9. In Wilhelmshaven wird mit dem JadeWeser-Port Deutschlands einziger Tiefwasserhafen nach vier Jahren Bauzeit eröffnet.

23.9. Zwei Bergsteigercamps werden in Nepal am Mount Manaslu in 7000 Meter Höhe von einer Lawine verschüttet. Mindestens zwölf Menschen, darunter ein Deutscher, sterben in den Schneemassen.

27.9. Vor dem Gorleben-Untersuchungsausschuss des Bundestages erklärt Bundeskanzlerin Merkel, sie habe in den 90er Jahren als Bundesumweltministerin nicht auf eine alleinige Entscheidung für Gorleben als Atommüll-Endlager hingewirkt.

28.9. Der seit 1994 regierende rheinland-pfälzische Ministerpräsident Kurt Beck (SPD) gibt bekannt, im Januar 2013 von seinem Amt aus gesundheitlichen Gründen zurückzutreten. – SPD-Parteichef Sigmar Gabriel kündigt an, dass der ehemalige Finanzminister Peer Steinbrück als Kanzlerkandidat der Sozialdemokraten bei der Bundestagswahl im Herbst 2013 gegen Angela Merkel antreten wird.

AUF DER ILA 2012 DEMONSTRIERT AM 15. SEPTEMBER ÜBER DEM FLUGHAFEN BERLIN-SCHÖNEFELD UNTER BEDROHLICHEN REGENWOLKEN EINE KUNSTFLUGSTAFFEL DER TÜRKISCHEN AIR FORCE IHRE ATEMBERAUBENDEN FLUGKÜNSTE

OKTOBER

BÜRGERKRIEGSHÖLLE ALEPPO
Seit anderthalb Jahren toben in Syrien die erbitterten Auseinandersetzungen zwischen den Angehörigen der Freien Syrischen Armee und den zahlenmäßig wie waffentechnisch überlegenen Truppen des diktatorischen Assad-Regimes. Leidtragende des Bürgerkriegs sind in erster Linie Zivilisten. Das Foto vom 2. Oktober zeigt Aleppo, die zweitgrößte Stadt Syriens, die als Hochburg der Rebellen gilt, nachdem sie von regierungstreuen Streitkräften unter Beschuss genommen wurde.

ISLAMISTISCHE GEWALTBEREITSCHAFT

Im südlichen Gaza-Streifen demonstrieren in Rafah am 26. Oktober militante Angehörige des radikalen Palästinensischen Islamischen Dschihad mit ihren Gewehren anlässlich des 17. Todestages ihres einstigen Führers Fathi Schakaki, der 1995 bei einem Schusswechsel auf Malta starb – die Schuld daran kreiden die Islamisten Israel an (Foto linke Seite oben).

BRANDHERD LIBANON

Die libanesische Schiitenbewegung Hisbollah (»Partei Gottes«), nach westlichem Dafürhalten eine paramilitärische islamistische Terrororganisation, deren Hauptverbündeter das Assad-Regime in Syrien ist, bildet in dem »Zedernstaat« den stärksten politischen Machtfaktor. Am 19. Oktober wird der Syrien-kritische Polizei-Geheimdienstchef Wissam al-Hassan (47) Opfer eines Mordanschlags. Wegen des Attentats kommt es in den nachfolgenden Tagen vielerorts zu massiven Protesten oppositioneller Kreise gegen die schiitische Regierung in Beirut. In Sidon etwa stecken Anhänger der antisyrisch und eher prowestlich eingestellten »Zukunftsbewegung« am 20. Oktober aus Protest gegen den Mord Reifen als Straßenblockaden in Brand. Die Gefahr, dass dem Libanon ein neuerlicher Bürgerkrieg droht, kann nicht ausgeschlossen werden (Foto linke Seite unten).

VOM RAND DES WELTALLS AUS

Nach einem rund zweieinhalbstündigen Aufstieg mit einem Heliumballon erreicht am 14. Oktober der österreichische Extrem-Fallschirmspringer Felix Baumgartner über der amerikanischen Wüste von New Mexico die Rekordhöhe von 39 045 Metern. Um 20:07 Uhr (deutscher Zeit) springt er von dort oben aus seiner Transport kapsel ab (Foto rechts oben); im freien Fall geht es der Erde entgegen, wobei der 43-Jährige eine Höchstgeschwindigkeit von 1342 Stundenkilometern erreicht und dabei auch die Schallmauer durchbricht; nach 4:19 Minuten öffnet er seinen Fallschirm und landet um 20:16 sicher in der Nähe von Roswell (Foto rechts unten).

ERNTEAUFTAKT IN INDONESIEN
Das traditionelle Pacu-Jawi-Kuhrennen auf den Feldern von Tanah Datar in West-Sumatra am 3. Oktober leitet den Beginn der neuen Erntesaison ein (Foto links).

ERNTEDANK IN HAMBURG
Für den Festgottesdienst am 7. Oktober im Michel hat die Bäckerinnung den Altarraum »verbrezelt« (Foto unten).

OKTOBER 2012

FASZINIERENDE MEERESGIGANTEN
Einem »SPIEGEL ONLINE«-Bericht zufolge versieht der amerikanische Meeresbiologe Ari Friedlaender nunmehr auch Buckelwale mit einer temporär durch Saugnäpfe angebrachten Spezialkamera, einer sogenannten Crittercam, um deren Verhalten unter Wasser zu erforschen.

DAMIT ES SIE AUCH KÜNFTIG NOCH GEBEN WIRD
Der Naturschutzbund Deutschland und BirdLife Österreich rufen gemeinsam am 12. Oktober zur Rettung der Bekassine auf, indem sie den vom Aussterben bedrohten Moor- und Feuchtwiesenbewohner zum »Vogel des Jahres 2013« küren.

OKTOBER 2012

DEUTSCHLANDS NEUER MOTORRAD-WELTMEISTER
Bereits zwei Rennen vor Schluss der Saison steht mit Sandro Cortese der erste Weltmeister in der neu eingeführten Moto3-Klasse fest. Durch seinen Sieg beim Grand Prix von Malaysia in Sepang am 21. Oktober sichert sich der 22-jährige Berkheimer vorzeitig den Titel (Foto oben).

IM RÜCKSPIEGEL DER ÜBERFÜHRTE DOPER-KÖNIG DES RADSPORTS BEI DER TOUR DE FRANCE 2005
Am 22. Oktober sperrt der Radsport-Weltverband UCI die amerikanische Radsport-Legende Lance Armstrong lebenslang und erkennt ihm seine Siege bei der Tour de France, die er von 1999 an sieben Mal in Folge gewann, wegen systematischen Dopings ab (Foto rechts).

WIRBELSTURM »SANDY«
Am 29. Oktober gerät die »HMS Bounty«, ein Nachbau des legendären Segelschiffs aus dem 18. Jahrhundert, 150 Kilometer südöstlich von North Carolina in die Gewalt des auf die amerikanische Küste sich zubewegenden Hurrikans »Sandy«. In dem meterhoch tobenden Wellenmeer schlägt der Dreimaster mit Seewasser voll, die Lenzpumpen kapitulieren, der Mannschaft bleibt nur noch die Flucht in die Rettungsboote und das Absetzen eines Notrufs. In einer dramatischen Rettungsaktion gelingt es der Küstenwache mit Helikoptern fünfzehn der 16 Besatzungsmitglieder zu bergen, von denen eines jedoch stirbt. Der Kapitän gilt als vermisst und dürfte wie sein gesunkenes Schiff ein nasses Grab in den Tiefen des Atlantiks gefunden haben (Foto links).

INFERNO AUS FEUER UND WASSER
In New York setzt die Flutbegleitung des Megasturms »Sandy« am 30. Oktober ganze Stadtteile unter Wasser, flutet U-Bahnschächte, bewirkt Stromausfälle für Millionen von Menschen. Im vorsorglich evakuierten Wohnbezirk Breezy Point in Queens setzen explodierende Stromleitungen leerstehende Häuser in Brand. Doch die unter Wasser stehenden Straßen verwehren den Feuerwehren eine wirkungsvolle Bekämpfung. An die hundert Häuser werden ein Raub der Flammen.

DER AM 7. OKTOBER WIEDERGEWÄHLTE LINKSGERICHTETE VENEZOLANISCHE STAATSPRÄSIDENT HUGO CHÁVEZ HÄLT VON EINEM BALKON DES PRÄSIDENTENPALASTES IN CARACAS AUS MIT DEM SCHWERT DES SÜDAMERIKANISCHEN UNABHÄNGIGKEITSKÄMPFERS SIMÓN BOLÍVAR (1783–1830) IN DER HAND EINE FLAMMENDE REDE AN DAS VOLK

QUALVOLLE ENGE HERRSCHT AM TAG DER DEUTSCHEN EINHEIT IN MÜNCHEN. ABERTAUSENDE VON BESUCHERN DRÄNGEN SICH AM 3. OKTOBER ANLÄSSLICH DER ZENTRALEN FEIERLICHKEITEN AUF DER LUDWIGSTRASSE AN DEN DORT AUFGESTELLTEN INFORMATIONS- UND REGIONALTYPISCHEN VERKÖSTIGUNGSSTÄNDEN DER DIVERSEN BUNDESLÄNDER

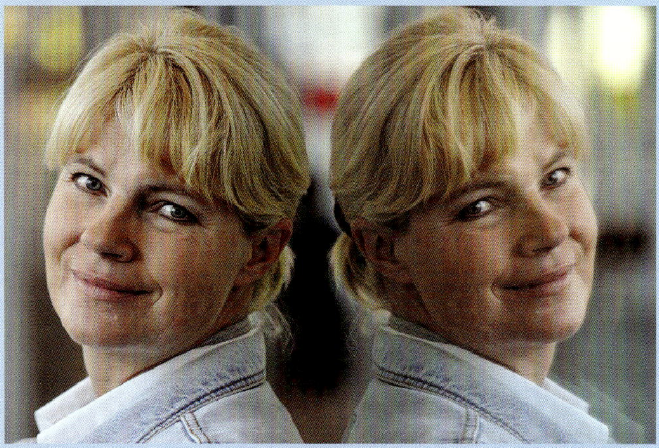

DIE 64. FRANKFURTER BUCHMESSE, DIE WELTGRÖSSTE VERANSTALTUNG IHRER ART, FINDET VOM 10. BIS 14. OKTOBER STATT, MIT RUND 7000 AUSSTELLERN UND 281 753 BESUCHERN. EBENFALLS DABEI NATÜRLICH EIN GROSSAUFGEBOT AN STARAUTOREN DER VERLAGE. NELE NEUHAUS, MIT IHREN MILLIONENAUFLAGEN DEUTSCHLANDS ERFOLGREICHSTE KRIMINALSCHRIFTSTELLERIN, HAT JEDENFALLS ALLEN GRUND ZU STRAHLEN

3.10. Da Bayern den Vorsitz im Bundesrat innehat, finden die offiziellen Feierlichkeiten zum Tag der Deutschen Einheit diesmal in der bayerischen Landeshauptstadt München statt.

4.10. Michael Schumacher, siebenmaliger Formel-1-Weltmeister, verlautbart, dass er nach dem Grand Prix von Brasilien am 25. November in São Paulo nicht mehr als Fahrer in der Königsklasse des Motorsports an den Start gehen will.

7.10. Bei den Wahlen in Venezuela wird Präsident Hugo Chávez in seinem Amt bestätigt.

11.10. Das Nobelpreiskomitee in Stockholm gibt bekannt, dass es sich für den chinesischen Schriftsteller Mo Yan als diesjährigen Literaturpreisträger entschieden hat. Tags darauf wird nicht minder überraschend der Friedensnobelpreis der Europäischen Union zuerkannt.

12.10. Baden-Württembergs Ministerpräsident Winfried Kretschmann (Die Grünen) folgt auf Horst Seehofer (CSU) turnusmäßig als neuer Bundesratspräsident. – Der Naturschutzbund Deutschland und BirdLife Österreich küren die vom Aussterben bedrohte Vogelart der Bekassine, deren natürlicher Lebensraum schwindende Moore und Feuchtwiesen sind, zum Vogel des Jahres 2013.

14.10. Ein Gutachten der Heinrich-Heine-Universität in Düsseldorf über die Dissertation von Annette Schavan aus dem Jahr 1980 zum Thema »Person und Gewissen« bringt die CDU-Bundesbildungsministerin politisch in Schwierigkeiten. Es wird der Vorwurf erhoben, die Arbeit sei in »leitender Täuschungsabsicht« entstanden und weise »das charakteristische Bild einer plagiierenden Vorgehensweise« auf. – Im US-Bundesstaat New Mexico steigt in einer Druckkapsel der Österreicher Felix Baumgartner mit einem Heliumballon in die Stratosphäre auf, um von dort mit Schutzanzug und Fallschirm abzuspringen. In einer Höhe von 39 045 Metern steigt er aus und durchbricht bei seinem Sturz zur Erde mit einer Geschwindigkeit von 1342 Stundenkilometern als erster Mensch im freien Fall die Schallmauer.

16.10. Das israelische Parlament löst sich in Jerusalem selbst auf, um den Weg für vorgezogene Neuwahlen freizumachen, die für den 22. Januar 2013 angesetzt werden. – Der EU-Kommissar für Gesundheit und Verbraucherschutz, John Dalli (64), tritt von seinem Posten zurück, nachdem in Brüssel das Europäische Amt für Betrugsbekämpfung (OLAF) Korruptionsvorwürfe gegen den aus Malta stammenden Politiker erhoben hatte.

17.10. Mit 88 Jahren stirbt in Berlin der legendäre

Das Aha-Zitat des Monats

MEINE FRAU »CORINNA HAT MIR SCHON EIN PFERD AUSGESUCHT. ICH DENKE, DASS ICH DA AUCH MAL MEIN GLÜCK VERSUCHE«

Der siebenmalige Formel-I-Weltmeister Michael Schumacher (43) erklärt am 4. Oktober seinen endgültigen Abschied aus der Königsklasse des Motorsports zu Ende der Saison und äußert sich zu seiner weiteren Zukunft als »Ruheständler«

Fernsehautor Wolfgang Menge. Für die Krimiserie »Stahlnetz« (1958 – 1968), bei der Jürgen Roland Regie führte, schrieb er das Gros der Drehbücher; sein Straßenfeger »Millionenspiel« war 1970 eine fast schon visionäre Vorwegnahme der Medien-Auswüchse beim späteren Reality-TV der Privatsender; mit dem spießbürgerlichen Nörgler »Ekel Alfred« für die satirische Fernsehserie »Ein Herz und eine Seele« (1973 – 1976) kreierte er eine Fernsehfigur, die Kult wurde.

20.10. Durch die Vermählung der belgischen Gräfin Stéphanie de Lannoy (28) mit Thronfolger Guillaume (30) erhält Luxemburg eine neue Großherzogin.

21.10. Die Oberbürgermeisterwahl in Stuttgart gewinnt im entscheidenden zweiten Durchgang Fritz Kuhn von den Grünen deutlich vor Sebastian Turner, dem parteilosen Kandidaten von CDU, FDP und Freien Wählern. Der 57-Jährige wird damit erster grüner Rathauschef einer Landeshauptstadt. – In der neu eingeführten Moto3-Klasse im Motorrad-Grand-Prix-Sport kommt der Weltmeister aus Deutschland. Sandro Cortese (22) aus dem schwäbischen Berkheim sichert sich durch seinen Sieg beim Großen Preis von Malaysia bereits zwei Rennen vor Saisonschluss vorzeitig den Titel.

22.10. Der Radsport Weltverband UCI erkennt dem Amerikaner Lance Armstrong seine sieben Tour-de-France-Siege (1999 – 2005) ab und spricht eine lebenslange Sperre gegen ihn aus.

26.10. Ein Mailänder Gericht verurteilt in erster Instanz Italiens vormaligen Ministerpräsidenten Silvio Berlusconi unter anderem wegen Steuerbetrugs zu vier Jahren Haft. Dessen Anwälte wollen Berufung einlegen.

27.10. In Dresden stirbt mit 86 Jahren Hans Werner Henze, einer der wichtigsten zeitgenössischen Komponisten.

28.10. Parlamentswahlen in der Ukraine, deren Verlauf die Beobachter der Organisation für Sicherheit und Zusammenarbeit in Europa (OSZE) als nur bedingt demokratisch kritisieren. Erste Ergebnisse sprechen dafür, dass die Partei der Regionen von Präsident Viktor Janukowitsch mit etwa 37 Prozent der Stimmen stärkste Kraft bleiben und mit den Kommunisten (ungefähr 15 Prozent) weiterhin eine Regierungskoalition bilden wird. Die oppositionelle Vaterlandspartei der inhaftierten Expräsidentin Julija Timoschenko dürfte voraussichtlich auf rund 20 Prozent kommen, die liberale Partei von Boxweltmeister Vitali Klitschko auf 12 Prozent.

30.10. Der tropische, aus der Karibik kommende Hurrikan »Sandy« erreicht mit einem gigantischen Durchmesser von etwa 1800 Kilometern und Windgeschwindigkeiten bis zu 150 Stundenkilometern die Ostküste der USA. Die verheerenden Schäden, die er dabei anrichtet, veranschlagen Experten nach ersten Schätzungen im zweistelligen Milliardenbereich.

LUXEMBURGS THRONFOLGER GUILLAUME (30), ÄLTESTER SOHN VON GROSSHERZOG HENRI, HEIRATET AM 20. OKTOBER IN LUXEMBURG DIE BELGISCHE GRÄFIN STÉPHANIE DE LANNOY

HIMMELSLICHT
In Zusammenhang mit dem Sonnenzyklus steht im Winter 2012/13 in Norwegen, Finnland und Schweden in den Regionen nördlich des Polarkreises ein besonders häufiges und ungewöhnlich strahlendes Auftreten des sogenannten Nordlichts zu erwarten

HÖLLENFEUER
Beim Kilauea im Vulkan-National-Park auf Big Island, der Hauptinsel von Hawaii, registrieren Seismologen im Herbst 2012 eine stetige Zunahme von seiner Aktivitäten.

ACHTUNG TODESGEFAHR!
Der nur wenige Zentimeter große pazifische Blauring-Oktopus gehört zu den giftigsten bekannten Tieren überhaupt. Dem Fotografen Roy Caldwell ist es nun erstmals gelungen, dessen »freundlichen« Warnhinweis bildmäßig einzufangen. Die kleine Krake vermag, wenn sie gestört wird oder Feinde sich ihr nähern, blitzschnell ihre bis zu sechzig Ringe in schillernde Warnleuchten umzuwandeln.